Touristen

Eigentlich darf man es niemandem sagen
aber Europa
gibt es nicht

大きな声では言えないけれど
わたしたちは　もう
それなしには生きられない

Yoko Tawada · Nur da wo du bist da ist nichts

Yoko Tawada

Nur da wo du bist da ist nichts

Aus dem Japanischen
von Peter Pörtner

konkursbuch *VERLAG CLAUDIA GEHRKE*

Yoko Tawada wurde 1960 in Tokyo geboren, von 1982 bis 2006 lebte sie in Hamburg, jetzt lebt sie in Berlin. Sie studierte Literaturwissenschaft in Tokyo (an der Universität Waseda), Hamburg und Zürich. Promotion.
»Nur da wo du bist da ist nichts« ist ihre erste Buchveröffentlichung, erschienen 1987, ihr erstes Buch in Japan erschien 1991. Bis 2015 in Deutschland 21 Bücher: literarische Essays, Prosa, Gedichte, Romane und Theaterstücke, sowie 25 Bücher in Japan. Viele Auszeichnungen und Literaturpreise und über 900 Lesungen in aller Welt.

Peter Pörtner wurde 1953 geboren, lebte von 1979 bis 1984 in Japan, heute Japanologie-Professor in München.

著者　多和田葉子（たわだようこ）一九六〇年三月二十三日東京都中野区に生まれる。一九六五年国立市に引越す。一九八二年早稲田大学文学部ロシア文学科卒業後、西ドイツ・ハンブルク市在住。

訳者　ペーター・ペルトナー　一九五三年西ドイツ・ヘッセン州に生まれる。マールブルク大学、チュービンゲン大学で、東洋学、ドイツ文学、哲学、音楽を学んだ後、一九七九年東京大学留学、一九八一－八四年大阪外国語大学講師。現在、ハンブルク大学助教授。

Impressum
Unveränderte Neuausgabe
5. Auflage 2015

PF 1621 · 72070 Tübingen · ☏ 07071/ 6 65 51
www.konkursbuch.com

Cover und Gestaltung: Günter H. Seidel
Originalsatz deutsch: VA Peter Großhaus, Wetzlar
Neueinrichtung: Natalie Schermann
ISBN 978-3-88769-030-4

Index

Bilderrätsel ohne Bilder

な小雨が降り続いていた。教会の裏にまわって少し歩くと、もう町はとぎれ、牧草地をぬって田舎道が一本続いていた。春を待つ牧草地に雨粒は次々やわらかく吸われていった。その牧草地をゆっくりと遠ざかっていくのは、カエルの行列だった。背という背は雨にぬれて赤緑色に光り、それぞれが壊れたカラクリ人形の部品を口にくわえている。ひとさし指やまぶた、糸切り歯、耳、乳首、歯車——美しかったアンネッテは、本当は、人間になるかわりに崩壊して部品にもどったのだった。いつかまた、どこかの優れた時計職人が、それを組み合わせて、別のカラクリ人形を作りあげるだろう。こなごなに壊れた物語のかけらから新しい物語の生まれるように。

Daß man in R schon lange die Tradition des Marionettenspiels pflegte, daran erinnere ich mich, denn ich hatte irgendwann einmal einen Bericht darüber in einem farbigen Museumsprospekt gelesen, aber diesmal galt mein kurzer Besuch in R nicht dem Marionettentheater, sondern einer Ausstellung handgemachter Bilderbücher. Zwar hegte ich dabei auch die leise Hoffnung, unter den Büchern einige Funde zu machen und aus deren Übersetzung und Vermittlung an japanische Verlage einen kleinen Vorteil ziehen zu können, aber der entscheidendere Grund war, daß ich eine an Wahnsinn grenzende Leidenschaft für Bücher habe. Ich meine damit keine literarischen Werke, ich meine die imaginären »Bücher«, die noch nicht geschrieben sind, noch nicht gebunden sind, in denen wir im Traum fortwährend blättern, ohne sie verstehen zu können. Zwei Jahre vorher, als ich noch in Japan war, hatten diese Traumvorstellungen angefangen blasser zu werden; von den Büchern, die ich in die Hand nahm, sah ich schließlich nur noch den Inhalt. Bücher voller fremder Buchstaben waren dafür verantwortlich, daß es mich doch wieder gepackt hat. Stundenlang blätterte ich in den arabischen und indischen Büchern, die in den Buchläden lagen und die ich nicht lesen konnte. Auch die englischen Übersetzungen der japanischen Klassiker waren dazu angetan, mich zu bezaubern. Diese Klassiker, an denen ich mich doch schon sattgelesen hatte, öffneten mir mittels der Buchstaben

た。目の前がくもって、妙に冷たい涙の粒が頬をころげ落ちていった。その時、わたしは気がついた。ここには、古本屋など、もともとないのだ。だから、ないはずの古本屋に入っていくしかない。――そうして、わたしは、ありもしない古本屋へ入っていった。本は一冊もなかったが、本にしか、たからないはずの埃が、あたり一面を覆っていた。奥には梯子が一台かかり、梯子の上にはエヴァが立っていた。エヴァが頭上の空気を注意深くつまんで引き出すと、それはエヴァの手の中で一冊の本になった。エヴァは、その本を開いてページをちぎっては、宙に飛ばした。ページは一枚また一枚と舞い降りてきて、わたしの頭上を真白に埋めつくし、わたしの体をかすって、床に重なり合っていった。少しも痛くはないのに、わたしは全身アザだらけになって、床に倒れた。気がつくと、ちぎられていくのは本ではなく、わたし自身だった。エヴァはやさしく、わたしの人さし指を抜き取り、花瓶の中に落とした。水が小さく波だち、輪を描いた。エヴァは、わたしの耳たぶをやさしく嚙み取り、額縁に入れて壁に飾った。それから、わたしの目玉をつまみ取り、空高く投げた。

わたしはそっと席を立ち、芝居小屋を出た。終りは見たくなかった。アンネッテは社長に逆らい、カエルを助け、人間になるのだろう。外では、あいかわらず肌に忍び入るよう

des Alphabets, die wie Maschinenbaupläne waren, plötzlich die Augen wieder für jenes imaginäre Buch. Als ich in einem Park am Rande Tokyos den Karton, in den ich meine gestorbenen japanischen Bücher gepackt hatte, vergrub, entschloß ich mich, nach Deutschland zu gehen.

Dem Fahrplan nach sollte die Zugfahrt von H, wo ich wohnte, bis nach R ein wenig mehr als fünf Stunden dauern. – In R würde ich also gegen Mittag ankommen. Zurück wollte ich mit dem Nachtzug.

Der Zug war leer. Ich hatte eine Stunde lang allein in einem Abteil gesessen, als eine blonde, etwa dreißig Jahre alte Frau dazukam. – Ich liebe diesen dramatischen Augenblick, wenn jemand eintritt, nicht; aber man kann ihm leider nicht immer entgehen. – Die Frau trug eine goldene Kette. Als sie meinen Blick, der ihren Schmuck entlanglief, auffing, sagte sie selbstsicher lächelnd »Hallo!« und setzte sich mir gegenüber. Ich lächelte zwar zurück, schaute dann aber rasch aus dem Fenster, als ich spürte, daß meine eigene Gestalt, die durch das Betrachtetwerden eine klare Form anzunehmen begann, schwer wurde, wie eine Rüstung.

Vor dem Fenster folgte Wiese auf Wiese, in der Ferne standen Reihen hoher Bäume. Landschaften im Ausland scheinen immer Landschaftsgemälde zu imitieren; was nicht in allen Fällen gelingt. Dann sind es nur noch Weiten, ohne Kraft und ohne Gesicht. Vielleicht auch, weil ihnen ein Werbeaufdruck

れは、ちょっと、やりすぎじゃあないでしょうか。」「もっと安あがりな方法があるかね。」「追い出したらいいじゃないですか。」「どうやって追い出すんだ。」「わたしが話をつけます。」「誰と話をつけるんだ?」アンネッテは黙ってしまう。「とにかく、この話、いそぐんでね。数日中に手を打たねばならん。もちろん、君にも協力してもらわないと困る。」アンネッテは、うなだれて答えない。社長は部屋を出て行こうとして、もう一度ふりかえり、にごった笑いを浮かべると、「それから、これは別の話だが……君の出生の秘密については僕も知らない訳じゃないが心配することはないよ。仕事さえちゃんとしてくれれば僕はそれでいいんだ。」と言って、部屋を出ていってしまう。重苦しい音楽がかかり、舞台は暗くなる。

水曜日の夕方、わたしはエヴァに言われたとおり、カフェーのある通りへ出かけて行った。古本屋があることは知らなかったが、捜せばあるだろうと軽い気持ちでいた。熱のせいか、それとも薬のせいか、歩いていても足の裏から地面が逃げていくようだった。それは奇妙な通りで、歩いていくうちに、いつか又、同じ場所へもどってきてしまうのだった。遠くで時々、救急車のサイレンの音が聞こえた。歩けば歩くほど通りはせばまり、左右にそびえたつ建物の壁が肩にのしかかってくるようだった。古本屋は見つからなかっ

nach Art der Reiseprospekte fehlt. Aber, um ehrlich zu sein, mir ist auch das Glück der Touristen, wenn die wirkliche Landschaft ihren von Werbesprüchen geschürten Träumen einen Stempel aufdrückt, schon abhanden gekommen.

Die Frau holte aus ihrem kleinen Rucksack eine Packung Biokekse und riß sie auf. Das Verpackungspapier zeigte eine Inderin in einem schreiend bunten Sari; die Finger, die es aufrissen, waren dick und ungeschickt. Die Frau streckte mir die aufgerissene Kekspackung entgegen und fragte: »Magst Du einen?« – Es kam mir wie ein schlimmes Vergehen vor, das Verpackungspapier so lieblos aufzureißen. Als ich Kind war, quoll meine Schreibtischschublade immer von Bonbonpapieren über. Hatte ich im Regen einmal Bonbonpapiere weggeworfen, konnte es geschehen, daß sie mir plötzlich leid taten; dann nahm ich selbst lange Rückwege in Kauf, um sie wieder aufzuheben; ein Zeichen meiner fürsorglichen Beziehung zu Verpackungspapier.

Die Kekspackung schwebte nun auf halbem Wege, unsicher, zwischen uns. Jetzt wird ein Gespräch anfangen. Es gibt keinen Ausweg. Also nahm ich mir einen Keks, bedankte mich und schob ihn mir in den Mund. Ich spürte auf der Zunge das Gewicht des fast ungesüßten Getreides. Beim Zerbeißen empfand ich ein gänzlich unvertrautes Gefühl, wie wenn man zum erstenmal ein Wort ausspricht. Überhaupt ist es eine seltsame Angewohnheit, mit demselben Organ

舞台変わって、それは、ある石油会社の立派な部長室。アンネッテは書類をめくりながら、秘書に手紙を書かせている。アンネッテは、その「疲れを知らぬ体力」と「感情に走らぬ正確な判断力」のおかげで、二十五歳にして石油会社の部長にまで出世した、という訳である。プラスチックのりんごのようなアンネッテの頬が妙に哀しく美しい。秘書は手紙を書く手をとめて、恐る恐る申し出る。「実は、うちの子が熱を出して寝ているもので、今日は早引きさせていただきたいんですが。」「先週、病気したばかりじゃないの。」と言うアンネッテの声には、冷たさも暖かさもない。「いえ、あれは上の子で、今度は下の子が病気なんです。」「それなら、早引きしなさい。」と答えるアンネッテを秘書は恐れていいのか、有難がっていいのか、わからない。秘書が帰ってしまうと、入れ替りに社長が部屋に入ってくる。社長は、太鼓腹を突き出し、傲慢を絵に描いたような顔つきをしている。「調子はどうだね?」「はい、順調です。」「秘書はどこ行った?」「子供が病気なので帰りました。」「またか。クビにしなさい。――実はひとつ、困った問題が起こってね。」そう言って社長は椅子にどっかり腰をおろす。「輸出するつもりで積んでおいた油送パイプにカエルが卵を生みつけて増殖して、すっかり、つまってしまったのだよ。それで、毒ガスを流し込んで処理しようと思うのだが。」アンネッテの体が小刻みに震え始める。「そ

Dinge zu verzehren, mit dem man Dinge sagt.

Die Frau verschlang in einem erschreckenden Tempo drei Kekse; dann fing sie mit ihrem Fragenkatalog an: wohin ich denn fuhre und was ich dort zu tun vorhätte...

Beim Antworten kam mir plötzlich meine Großmutter in den Sinn. Einmal hatte ich sie in ihrem Dorf besucht. Ich war mit dem Nachtzug gekommen. Sie hatte mich damals gefragt: »Hast du keine Angst, allein mit dem Nachtzug zu fahren?« Sie war nicht nur noch niemals mit dem Nachtzug gefahren, sie war auch noch niemals allein mit einem Fernzug unterwegs gewesen. Als sie mich fragte: »Was machst du, wenn dich ein fremder Mann anspricht?« mußte ich über ihre Sorgen, die sie sich meinetwegen machte, lachen. Aber wenn man von einem Menschen angesprochen wird, der einem wirklich »unbekannt« ist, dessen Hintergrund und Kontext man nicht kennt, dann ist die Sache nicht so einfach, zumal wenn es sich darüberhinaus um eine Frau und nicht um einen Mann handelt.

Der Zug hielt an einem kleinen Bahnhof; ich schaute beiläufig aus dem Fenster. Auch sie schaute aus dem Fenter und schwieg einen Augenblick. Vielleicht nahm sie an, daß etwas da draußen meine Aufmerksamkeit erregt hätte. Aber ich wollte mich nur ein wenig vom Gespräch ablenken. Nicht weil das Gespräch so langweilig war; es passiert mir bei Gesprächen immer, ganz unabhängig davon, wie

たような気がしてきた。そんなはずはないのだが、それが繰り返しのように思え、話し出すことができなかった。「え？　今、何て言ったの？」わたしがまだ何も言っていないのにエヴァが聞きかえした。「まだ何も言ってないけど。」わたしは、エヴァに話すことが何もなくなってしまう。わたしは、エヴァを知らない。なぜなら世の中は声と視線で満員で、わたしたちの出会える場所など、もう残されてはいないのだ。せいぜい指一本通れるくらいの透き間がちらつくことはあっても、黙っていれば消えてしまうし、しゃべり始めれば捕えられてしまう。「それ、どういう意味？」エヴァが重ねて尋ねる。「別に意味が知りたいわけじゃないのよ。ただ、どう尋ねたらいいのか、わからなくて。それとも、あなた知ってる？　人にどんな風に質問したらいいのか。」窓の外で教会の鐘が鳴り始めた。少し急いだ方がいいのかもしれない。わたしには時間がありすぎる。刻まずに置いておけば、時間は時間に溺れて消えてしまう。「いつ？」と、わたしは答える。それから、「どこで？」受話器の向こう側からエヴァの息づかいがかすかに聞こえてくる。気がつくと、エヴァの息づかいは声に変わっていた。「わたしたちの初めて出会ったカフェー、覚えてる？あの通りに古本屋が一軒あるの、知ってるでしょう？　来週の水曜日、夕方五時に、あの古本屋で会いましょう。」

interessant sie sind, daß mein Blick sich gleichsam verselbständigt oder meine Finger anfangen, an Papier herumzuspielen. - Einmal hatte mir K in einem solchen Moment die Papierfetzen aus der Hand gerissen und mich mit Fragen bestürmt. Wann war das nur? Wir saßen uns in einem Café in der Nähe seiner Firma, in der er Abteilungsleiter war, gegenüber. Seine Firma exportierte Arm- und Beinprothesen nach Japan. »Hast du mir zugehört oder nicht? Ich habe dich etwas gefragt.« Als er das gesagt hatte, ging nichts mehr. Obwohl er eine ganz einfache Frage gestellt hatte; eine Frage der Art, ob wir in ein chinesisches oder ein italienisches Restaurant essen gehen sollten. Wenn ich sage: das ist mir egal, dann meint er vielleicht, es sei mir gleichgültig, ob ich mit ihm essen gehe oder nicht. In meinem Kopf tauchte die Vorstellung des kräftigen Musters auf, das italienische Tomaten auf Käse malen; sie wurde aber bald von dem Bild langer, schmaler Gemüsestreifen, die aus einer chinesischen Soße hervorleuchten, verdrängt. Vor K's erwartungsvollen Augen ging mir alle Fähigkeit zu denken verloren. Wofür sollte ich mich entscheiden? Für Tomaten oder für Bambussprossen? Für Spaghetti oder für Peking? Für den Vatikan oder für Jasmintee? Mir war die Sprache abhanden gekommen, und ich begann wieder an den Papierfetzen herumzuspielen.

Die Frau hieß Marianne. Als sie erfuhr, daß ich Japanerin bin, sagte sie, daß sie im nächsten Monat

形だって、おばあちゃんが言ってたもの。」と意地の悪そうな子は得意げに言うとアンネッテの方に近づいて、「おい、おまえ人間なら人間の証拠を見せてみろよ。」と言う。アンネッテが何も答えないので、子供たちは退屈して、それぞれ家へ帰ってしまう。あたりは急に暗くなり、雨が降り出す。緑色に光るカエルが一匹あらわれて、雨の音に合わせて体操を始める。手首を曲げたり、伸ばしたり、首を曲げたり伸ばしたり。アンネッテの表情がやわらいでくる。「ああ気持ちがいいなあ。」とつぶやくと、カエルは今度は発声練習を始める。ハ長調を登って降りて、ニ長調を上がって下って、それから急にアンネッテに気がつくと、「おや、見たことのない子だね。人間はみな同じ顔をしているものと思い込んでいたが、君にはどこか変わったところがあるね。お友だちになろうか。」と言って右手を差し出す。アンネッテは初めてほほえんで、その手をにぎりしめる。

Kと別かれて数日すると、わたしは風邪と似た病気にかかり熱を出した。窓の外の見慣れたはずの家並みとその背後に突き出た教会の塔が急によそよそしく見え始め、ラジオをつけても遠い国のニュースを聞いているようだった。最後に泣いたのはいつだったかベッドの中で思い出そうとしたがだめだった。わたしは、エヴァに電話をかけた。Kとのことを初めから終りまで話すつもりだったが、いざ話そうとすると、もうその話はしてしまっ

Shiatsu erlernen wollte. »Wir sind so kopflastig. Der Körper kommt dabei zu kurz. Ich will irgendetwas tun, um den Körper wieder zu seinem Recht kommen zu lassen.« Als sie das gesagt hatte, nieste sie einmal und entschuldigte sich. – Wenn die Europäer niesen, entschuldigen sie sich aus irgendeinem Grund. Der Zug fuhr wieder an.

Die Japaner niesen seltsam. Das hatte K einmal gesagt. Ich hatte geantwortet, daß die Japaner das Niesen »hakschon« transkribieren und beim Niesen wohl versuchen, dieser Transkription nahezukommen. Worauf K wiederum lachend versetzte, daß die Japaner ein merkwürdiges Volk seien. Als ich zurückfragte, ob er beim Niesen nicht auch immer ein wörterbuchfähiges ›hatschi‹ hervorbrachte, schwieg er. Seitdem habe ich ihn nicht mehr niesen gehört.

Draußen ging ein Sprühregen nieder; in der Ferne stand der Schornstein einer Fabrik wie ein Zeigefinger vor dem bewölkten Himmel. Als Kind habe ich am Fluß oft Frösche gefangen. Bis zu dem Tag, an dem man mir sagte, daß einem die Finger abfallen, wenn man die mit Cadmium verseuchten Frösche anfaßt. Danach spielte ich nur noch im Hinterhof der Fabrik in der Nähe des Flusses. Ich nahm die unbrauchbar gewordenen Maschinenteile, die hier herumlagen, auseinander und setzte sie anders wieder zusammen.

Der Zug fuhr in einen großen Bahnhof ein; im Korridor wurde es laut. Die Abteiltür öffnete sich

だった。あまりの恐さに、わたしは、「開いているじゃないの。」というひと言さえ言えなかった。「いるんだろう、いるんだったら開けてくれよ、」Kは、モノに憑かれたように叫び続けた。

さて、舞台の背景は変わって、近くに教会の見える広場。どこかで見たことがある、と思うのも当然、これは他ならぬR市、この町である。よく見れば教会のかげに、この芝居小屋も描かれている。その舞台の真ん中に、鼻のあたまの汚ない子供たちが五人出てきて、ゴム跳び遊びを始めた。そこにアンネッテが現われる。アンネッテは、子供だか大人だかわからない顔をしている。目はぱっちりと開いているが視力を感じさせず、形の整った鼻に息はなく、くちびるは笑うとも怒るともなく紅色に輝いている。ひとり隅の方に立って子供たちが遊んでいるのを見ている。「あれ、アンネッテだ。めずらしいね。外に出てきたなんて。いつも家にいるのに。」と子供のひとりが言う。「家で勉強ばかりしているのさ。先生のお気に入りだもの。」「いっしょに遊ばないかって、さそってみようか。」「よせよ、あの子に跳べるもんか。」と意地の悪そうな子が言う。「どうして?」「だって……だってアンネッテは人間じゃないもの。」「人間じゃないなら、なんなのさ。」「だって……人間なら父さんがいるはずだろう。アンネッテは、時計職人のマリオが作ったカラクリ人

und ein großer junger Mann kam herein. Er setzte sich, holte ein Taschenbuch hervor und begann mit seinem Blick die Buchstaben entlangzulecken, als wollte er auf diese Weise das Geheimnis des Menschen offenlegen. Marianne hatte plötzlich zu reden aufgehört. Das ärgerte mich ein wenig, aber als ich bemerkte, daß ich selbst auch zu reden aufgehört hatte, begann ich wie zur Strafe die Ohren des jungen Mannes zu betrachten.

K hatte traurige Ohren. Wenn ich ihm im italienischen Restaurant oder in der Badewanne gegenübersaß, oder im Auto an seiner Seite, mußte ich immer seine Ohren anschauen; sie waren wie offene, im Regen naß gewordene Bücher. K fragte: »Wohin schaust du schon wieder? Du siehst mir nie in die Augen«, und wartete auf meine Antwort. »Was ist bloß los mit dir. Als hättest du irgendein Geheimnis.« Als er das sagte, konnte ich nicht umhin, ihm mein Geheimnis zu erzählen: »Als ich in der Oberschule war, hat mich die Frau vom Kiosk einmal geküßt.« K starrte mich erschrocken an, brachte sein Gesicht aber wieder unter Kontrolle und sagte drohend: »Weiche nicht aus. Ich hatte davon geredet, daß du mir nie in die Augen siehst.«

Es war schwül im Abteil; Marianne zog ihren Pullover aus. Als sie an einem der Ärmel zog, fielen einige U-Bahn-Karten auf den Boden. Der Mann löste die Augen nicht von seinem Buch. Marianne sammelte die Fahrkarten schweigsam auf und warf

こは雑然とした作業場、背景に窓があり、月が見えるから、夜なのだろう。前掛けをした鼻の鋭い男が（もちろん、あやつり人形だが）イタリアの演歌を口ずさみながら、可愛らしい少女の人形を逆さまにぶらさげて、その足の裏を金槌で打っている。あやつり人形が、カラクリ人形を作っているのだから妙である。その横の椅子には、高齢の上品な婦人が腰かけている。「ほんとうに何とお礼申しあげたらよいのか。」そう言って、婦人は、ため息をつく。「この年まで子宝にも恵まれず、夫には死なれ、もし、あなたという方にお会いしなかったら、一生孤独に過ごすところでした。」男は、人形を立たせて背中の釘の具合を調べると、人形に向かって言う。「さて、おまえは今日からアンネッテという名前で、この方がおまえの母親だよ。いろいろとつらいこともあろうが、悲しむことはない。おまえが本当に愛することができるようになったら、その時、おまえは人間になれるんだからね。」アンネッテは、こっくりうなづく。他の人形たちは上から糸であやつられているが、アンネッテだけは下から細い棒で動かされているので動きが少しちがう。

Kと別れた夜、夢を見た。恐ろしい夢だった。と言っても、Kに殴られたわけでも首を絞められたわけでもない。Kは、開け放たれたドアの向こう側に立ち、割れるほど激しく空気をたたき、「開けてくれよ、入ってもいいだろう、」とわたしに向かって叫び続けたの

sie in einen Abfallbehälter. Ich hatte Durst und mir war ein wenig übel. – Ich übergebe mich leicht, wenn ich etwas gegessen habe – aber wenn ich die Kunst des Erbrechens nicht beherrschte, hätte ich K und Eva sicher nicht kennengelernt.

Das geschah bei Gelegenheit einer Lesung in einem Café. An den Inhalt des Buchs erinnere ich mich nicht mehr; danach waren wir etwas trinken gegangen. Der Wein war mir nicht bekommen, mir wurde schwindlig und übel. Ich lief zur Toilette, und als ich mich über das Becken beugte, war mir, als glitte ein heißer Aal meine Speiseröhre hinauf und hinab; es war qualvoll, aber ich konnte mich nicht übergeben. Da spürte ich, wie eine große Hand über meinen Rücken strich, und hörte eine Stimme, die sagte: »Nur zu, danach wirst du dich besser fühlen.« Plötzlich schoben sich in meinen Mund, den ich weit geöffnet hatte, zwei fremde Finger. Ich übergab mich; es war wie ein Schreien. Das Chaos, das die gleiche Wärme wie mein Körper hatte, war mit einem Mal und dröhnend hervorgebrochen. Ich fühlte mich seltsam befriedigt und wusch mir mit kaltem Wasser den Mund aus. Ich hob den Kopf und sah im Spiegel eine Frau, die hinter mir stand und lächelte. – Das war meine erste Begegnung mit Eva. Als wir aus der Toilette herauskamen, wartete draußen Evas alter Freund K, der wohl auch der Lesung wegen gekommen war. Ich hatte ihn bis zu diesem Augenblick noch nicht wahrgenommen. K

クリ人形をテーマにした、あやつり人形芝居？　わたしは、自分はこれを見るために今日わざわざR市までやって来たのだという気がしてきた。トリのスープを飲み下すと、いそいで芝居小屋へ向かった。

「何、見てるの？」と尋ねたのは、その時はKではなく、わたしだった。話すことがないので、ぼんやり考えに耽っていたわたしが突然、Kの鋭い視線にぶつかって、思わず、そう尋ねてしまったのだった。「君は人間が恐いんだろう。」Kは、ひくい声で脅すように言った。「人間なんていなければいいと思っているんだろう。」わたしの指先は、せわしなく何か触るものを捜した。「人間って、なんのこと言ってるの？」「君や僕のことだよ。」Kは腹だたしげに答えた。わたしが充分まじめになっていないと思ったのかもしれない。「君は、つまらない人間だというだけじゃない。そのことを悩みもしないで、いないふりをしているんだよ。卑怯だよ。僕はもうそんな遊びにつき合うのはごめんだ。このままじゃ気が変になる。」そう言い残して、Kはいなくなってしまった。

芝居小屋は、色テープや旗で楽しく飾られていた。五十ばかり並んだ椅子は日曜日の家族たちがもうほとんど全部、にぎやかに占領していた。やがて場内は暗くなり、手まわし風琴の音楽が始まると、ざわめきはおさまっていった。ビロードの幕が左右に開くと、そ

brachte mich in seinem Wagen nach Hause. Weil ich mich übergeben hatte, fühlte ich mich frei und begann plötzlich zu erzählen. Dabei hatte ich nicht das Gefühl, daß ich es war, die da erzählte. Mein Körper wurde immer leichter; die Gelenke lockerten sich; fast ein Gefühl, als würde sich der ganze Körper im Kosmos auflösen. Vom nächsten Tag an übernachtete ich hin und wieder in K's Wohnung.

Weil ich sehr durstig war, ging ich in den Speisewagen. Als das Glas Tee vor mir stand, wurde mir klar, daß ich allein war. Ich wollte nicht mehr in das Abteil zurückgehen und begann zu phantasieren: ich sah, wie Marianne sich ganz dicht an den jungen Mann heransetzte und sanft in sein Ohrläppchen biß; er tat so, als würde er es nicht bemerken und las schmatzend weiter. – Diese Vorstellung machte mich traurig, obwohl sie unsinnig war; ich trank meinen Tee so langsam wie möglich aus. Als ich dann doch in das Abteil zurückging, war der junge Mann nicht mehr da. Nur Marianne saß noch da und las in einem Buch. Es war ohne Zweifel das Buch, das vorher der junge Mann gelesen hatte. Marianne hielt es in ihrer Hand wie einen kleinen Vogel, der wegfliegen will; bis wir schließlich in R anlangten und ich mich von ihr verabschiedete, hat sie den Blick nicht mehr von den Buchstaben gelöst.

Die Frühlingswärme auf meiner Haut fühlte sich vertraut an, der feine Regen teilte mein Behagen in Fragmente. Ich fragte einen Beamten, der über

袖をまくりあげて、腕の曲がるくぼみのやわらかいところに接吻した。エヴァのくちびるの形が、そのままオレンジ色に残った。——スタンプや印刷屋の活字は当然、左右逆に作ってあるけれども、エヴァのくちびるはどうだろう。腕に記されたくちびるの形を見つめているうちに、ある考えが胸の底にひらめいた。——物語は、本になった時、読めるように、左右逆に語られなければならない。——

展覧会場を出ると、日曜日なので店もみな閉まり、人影はまばらだった。くもり空の下に低く赤茶けた家並みが続き、窓辺にはまだ復活祭の飾り物が並んでいた。町は小さく、これと言って見るものもない。夜行までは、まだまだ時間があった。とにかく何か食べなければ、と酒場だかレストランだかわからない店に入ると、中は意外ににぎわっていた。少し流行遅れのポップ音楽、機械ゲームのお金を吐き出す音、フライドポテトとソーセージの脂っこい臭い。わたしが入って行くと、ためらいがちな、それでも好奇心に満ちた視線がひそかに向けられた。もっとも誰もがテレビを見ている時代、突然エスキモーが現われようとも、それを描写する言葉を知らない人は、いくら田舎でもいないだろう。トリのスープを注文して、壁に目をやると、復活祭の催し物のポスターにまぎれて、一枚、人形劇のポスターがあった。毎日曜三時半から、出し物は、「カラクリ人形アンネッテ」。カラ

das plötzliche Auftauchen einer Ausländerin nicht zu erschrecken schien, nach dem Weg zur Stadtbücherei von R, in der die Kinderbuchausstellung stattfinden sollte. K hatte, wenn er jemandem den Weg erklärte, immer versucht, ohne Skizze auszukommen. Wenn ich nicht gleich verstand, wurde er nervös und immer lauter, so daß ich schließlich gar nichts mehr verstand. So war es auch, als er Eva und mir einmal erklärte, wie man zu einer gerade neu eröffneten Kunstbuchhandlung hinfinden könne. Es war mir zu kompliziert und unwillkürlich hielt ich ihm meine Handfläche vor das Gesicht und sagte: »Wenn die Lebenslinie die große Straße ist, ...«. – Eva mußte lachen. Sie zeichnete mit ihrem Zeigefinger meine Lebenslinie nach: »Das ist die große Straße.« Als sie das Tal zwischen meinem Daumen und meinem Zeigefinger erreicht hatte, hielt sie an. K schob Evas Finger von meiner Hand weg und sagte: »Ihr versteht es nicht, weil ihr nicht richtig zuhört.« – Das war der zweite Besuch, den Evas Finger bei mir machte.

Ich ging in Richtung Kirche, immer geradeaus, wie der Bahnbeamte mich angewiesen hatte.

Die Ausstellung war wider Erwarten klein und die Zahl der Exponate war geringer als ich mir vorgestellt hatte; im Vergleich zur schrecklichen Menge der Besucher. Ich zahlte fünf Mark Eintritt und ging hinein. Das erste Buch, das ich sah, hatte den Titel »Käfer«. Auf jeder Seite waren Pflanzen gemalt; jeweils eines ihrer Blätter konnte man hochklappen;

るのが楽しいらしい。小学校三年生の時、男の子たちの間で、スカートめくりが流行ったが、これも見るためというよりは、めくるためにめくったのだろう。それなら、めくるだけの絵本というのがあってもよい。絵もストーリーもいらない。めくること自体がストーリーになる本。

なんだか急に空腹を感じだした。できることなら、ちょっと会場を抜け出して何か食べに行きたいところだが、残りは少なかったので、全部見てしまうことにした。——文字が左右さかさまに印刷してあるため鏡を使わないと読めない絵本。お話も鏡と関係があって、アラビアの王子様が水の国に落ちてしまった他国の王女様を助け出すことになっている。

エヴァのくちびるには、いつもオレンジ色の口紅が塗られていた。わたしには、そんな不自然な強い色の口紅を塗る勇気はとてもなかった。「オレンジ色の口紅を塗れば、わたしもしゃべるのが好きになるかなあ。」と言うと、エヴァは笑って、指先で自分のくちびるをこすり、そのオレンジ色を少し落として、わたしのくちびるになすりつけた。エヴァの指の三度目の訪問だった。が、三度目の訪問は、それだけでは済まなかった。エヴァは鞄から口紅を出し慣れた手つきで塗りなおすと、注射する医者のように、わたしの右腕の

darunter wurden Käfer sichtbar. Als Kind hatte ich Insekten genauso gern wie die Maschinenteile im Hof der Fabrik. Am liebsten waren mir die Heuschrecken mit ihren weichen Flügeln, die weder warm noch feucht waren, und ihren sechs Beinen, die sich roboterhaft bewegten. Einmal hatte ich einer Heuschrecke alle sechs Beine ausgerissen, – um sie ihr dann wieder einzusetzen. Die Augen eines Hundes können Traurigkeit und Schmerz ausdrücken, aber die Augen einer Heuschrecke sind einfach nur riesig groß und präzis; ein Herz haben sie nicht.

»Du hast kein Herz«, das hatte K auch mir einmal gesagt, als ich zufällig ein altes Photo von ihm gefunden hatte: K und eine schlanke blonde Frau, an einem hellen Sommertag am Meer, beide an ein neues, poliertes Auto gelehnt. Der etwa zwanzigjährige K trägt eine Badehose und ein Hawaiihemd, seine langen Haare flattern im Wind. Auch die Frau trägt über ihrem Bikini eine lange weiße Hemdbluse. – K fragte: »Hab' ich damals besser ausgesehen?« Ich schüttelte mit dem Kopf; konnte aber auch nicht sagen, daß er jetzt besser aussehe. »Das ist meine damalige Freundin, mit der ich über drei Jahre zusammen war«, erklärte K und schaute mir dabei in die Augen. Als ich nichts antwortete, fragte er: »Wie gefällt dir die Frau?« – Eigentlich interessierte ich mich für das Auto mehr als für die Frau. Es hatte nichts von der Verspieltheit beliebig zusammengefügter Maschinenteile, wie ich sie liebte. Es war

ばらになって消えてしまっても体がひとつになれば又、何もかもうまくいくだろうという希望も壊れてしまった。「体」は、人偏に本、と書く。人のふりをする本？　Kの体に包みこまれると、ただもうそこから逃れたくなる。それを抑えて、しきりに思い出そうとする。Kの形のよい顎、翼の付け根のような肩、そして何より絹の手触りの新車。それが欲しいと思えない。記憶の短冊が、ちぎれてしまって、どんな風に欲しかったのか、思い出せない。それとも欲しかったのは自分そっくりの体？　人のふりをする本？　めくられる時にしか世に現われない本？「きらいになったなら、どうして正直にそう言ってくれないんだい？」と恨めしそうにささやくKは、締め切り間際の製本屋と似てくる。

においの絵本？　わたしは足をとめた。一ページずつ、ビニールに包んである。それを開けると話に合ったにおいがするのだと説明書きがあるが、開ければ又、係員に叱られるだろう。においの絵本があるなら、味の絵本があってもいい。一ページずつ、べろべろとなめながら舌で読む絵本。

次は、話の終りまで初めから見えてしまう、透き通った絵本。よちよち歩きの子供が近づいて来て、それをめくり始めた。子供は、本を読むことより先にめくることを覚える。結末が見えているのに楽しそうにページをめくっている。読むのが楽しいのでなく、めく

ein Klumpen Machtgier, ein Klumpen, der zum Symbol werden wollte. Es weckte meine Feindseligkeit und ich fragte: »Was ist das für ein Auto?« K schaute mich überrascht an: »Ich dachte, du interessierst dich nicht für Autos. – Wahrscheinlich willst du nur wieder ablenken.« Er legte mir die Hand auf die Schulter und sagte leise: »Ich möchte wissen, was du über mich denkst.« Dabei streifte sein warmer Atem mein Ohr. »Ich habe das seltsame Gefühl vor einem Spiegel zu stehen, der nichts reflektiert. Mir kommt es vor, als hättest du überhaupt kein Herz. – Aber das kann doch nicht sein...« Über seinem Kopf tauchte plötzlich das Bild eines großen neuen Autos auf. Wenn ich ein neues Auto haben will, steigt es in mich ein und ruft mich beim Namen. Meine Ohren und Finger, die in der Luft schwimmen, werden in Namen verpackt, und ich werde ein Mensch. – Aber das geht einfach nicht. Und ich will es auch nicht.

Das zweite Buch, das ich zur Hand nahm, hatte den Titel: Der Zirkus des Küchengeschirrs. Die Farben waren dick aufgetragen; ich berührte sie mit den Fingerspitzen. »Fassen Sie das bitte nicht an«, sagte eine strenge Stimme hinter mir.

Seit wann war es mir unangenehm, berührt zu werden? Mir ist sogar die Hoffnung abhanden gekommen, daß es irgendwie gut gehen könnte, wenn wenigstens die Körper eins werden, nachdem das Gespräch schon längst verlorengegangen ist. Das chinesische Schriftzeichen für ›Körper‹ setzt sich zu-

意を感じ、思わず、「この車、何?」と尋ねる。Kは不思議そうにわたしを見て、「君は車になんか全然興味ないのかと思ったよ。」と言ってから、不信げに、「それとも、また話をそらそうとしているのかい。」——Kは、わたしの肩に手をかけて、耳のそばで、ささやいた。「ぼくのこと、どう思ってるのか一度でいいから言ってほしいんだ。」Kの熱い息が耳の穴のトンネルの中へ流れ込んできた。「それでないと、まるで、何も映らない鏡の前に立っているようで、気が変になりそうだよ。それじゃあ、まるで君には心がないみたいじゃないか。そんなはずはないんだが。」——頭上に大きな新車のかげが浮かびあがる。わたしが新車を欲しがれば、新車はわたしの中へ乗り込んできて、わたしは名前で呼ばれるようになる。宙に浮かぶ耳や指は、名前の中に押し込められ、真ん中のからっぽの場所は、心と呼ばれるようになる。人間の誕生。それが、どうしてもできない。しかも、したくない。

　虫の絵本の次は、食器のサーカスの話。浮きあがった絵の具がおもしろくて、つい指でさわってしまう。「すみませんが、さわらないでください。」と背後で、きびしい声がした。係員だった。

　さわられるのさえ苦しくなっていったのは、いつ頃からだったろう。たとえ会話がばら

Die Prozession der Kamele folgt
ihren eigenen Fußspuren
rund um den Globus
Die Grenzen ahmen den Himmel nach
die Wüste ertrinkt im Prädikat
Grünhäutige Kinder springen mit der Horizontlinie Seil
die Frauen vergessen sie zu gebären
und schlucken den eigenen Körper herunter
Der Mann sagt: »Europa...«
und der Spiegel aus flimmernder Luft hat Durchfall

わたしたちはおしゃべりな観光客になろう
ガイドさんは邪教徒の旗をかかげて
土地の名前を呼び続ける
わたしたちは存在の香りを写真に撮り
売り切れたおみやげを腕いっぱいにかかえて
とどかぬ土に涙と情報をふりそそごう
わたしたちの言葉の向こう岸に　また
ヨーロッパの木がすくり伸び立つように

sammen aus den Zeichen für ›Mensch‹ und ›Buch‹ ; heißt das, daß der Körper ein Buch ist, das so tut, als wäre es ein Mensch? Wenn K mich berührte, wollte ich einfach nur weglaufen. Um dieses Bedürfnis zu unterdrücken, versuchte ich dann immer, mich an irgendetwas zu erinnern. Warum ich sein schön geformtes Kinn, seine Schultern, die wie die Gelenke von Flügeln aussahen, das neue Auto, das sich wie Seide anfühlte, einmal begehrte, das weiß ich nicht mehr. Meine Erinnerung ist zerrissen, wie ein Stück Papier. Ich weiß nicht mehr, warum ich diese Dinge begehrte. Oder habe ich einen Körper begehrt, der dem meinen ganz gleich war? Ein Buch, das so tut als ob es ein Mensch wäre? Ein Buch, das nur, wenn jemand in ihm blättert, in der Welt ist? »Warum sagst du es nicht klar und deutlich, wenn du mich nicht mehr magst?« flüsterte K und sah dabei aus wie ein Buchbinder, kurz vor Auslieferungstermin.

Ein duftendes Bilderbuch? Ich blieb stehen. Jede Seite war in Plastik eingehüllt. Wenn man die Hülle öffnet, entströmt ein Geruch, der zur jeweiligen Geschichte paßt. – So stand es auf der Gebrauchsanweisung. Aber ich probierte es nicht aus, weil sich dann bestimmt wieder die strenge Stimme hätte hören lassen. – Wenn es duftende Bücher gibt, dann sollte es auch Bücher mit Geschmack geben. Bilderbücher, die man Seite um Seite mit der Zunge aufleckt.

Das nächste war ein transparentes Bilderbuch. Man konnte die Geschichte vom Anfang bis zum

ったから。中でも特に好きだったバッタのなめらかな羽根には、ぬくもりも湿り気もなく、六肢の動きはロボットと似ていた。また取り付けるつもりで、そんなバッタの足を全部ひき抜いてしまったこともある。犬ならば悲しみも痛みも表わす瞳が、バッタにあっては、やたらに大きく精密に見えるだけで、心を感じさせない。

心と言えば、わたしに心がないことを見抜いたのもKだった。Kの昔の写真を偶然みつけた時のことだった。それは明るい夏の海岸で、みがきあげられた形のよい新車にKが、すらりとした金髪の女とふたり、もたれて笑っている写真だった。二十代初めと思われるKは長めの髪を風になびかせ、海水パンツの上からアロハシャツをひかっけていた。女もビキニの上に、長い真白なシャツブラウスをひっかけていた。「この頃の方がよかったと思う?」とKが尋ねる。わたしは首を横にふるが、今の方がよい、とも言わない。「これが、あの頃のガールフレンド。三年も続いたんだよ。」と言ってKは、わたしの目の中をのぞきこんでくる。わたしが何も答えずにいると、「この女、どんな女に見える?」と聞いてくる。わたしには、その女よりも車の方が気になる。それは、わたしの好きな部品の自由な集まりではない。力にあこがれ、象徴になろうとする、ひとつの塊――わたしは敵

Schluß gleichsam auf einen Blick erfassen. Ein Kind kam angewatschelt und blätterte darin. Bevor ein Kind das Lesen lernt, lernt es das Blättern. Obwohl es doch das Ende der Geschichte von Anfang an sehen konnte, blätterte es genußvoll Seite für Seite um. Nicht das Lesen macht Spaß, sondern das Blättern. In meiner Volksschule herrschte unter den Jungen einmal die Mode, die Röcke der Mädchen umzuschlagen, wie man die Seiten in einem Buch umblättert. Wahrscheinlich nicht, um irgendetwas zu sehen, das Umschlagen der Röcke selbst war das Ziel. - Es müßte also auch Bilderbücher nur zum Zweck des Umblätterns geben. Bilderbücher ohne Bilder, ohne Geschichten. Bücher, bei denen das Umblättern selbst die Geschichte ist.

Ich merkte plötzlich, daß ich hungrig war. – Aber erst wollte ich mir den Rest der Bücher – es waren nicht mehr so viele – noch anschauen. – Ein Buch, in dem die Buchstaben seitenverkehrt gedruckt waren und das man mit einem Spiegel lesen mußte; auch der Inhalt der Geschichte hatte etwas mit Spiegeln zu tun. Ein arabischer Prinz rettet eine fremdländische Prinzessin, die ins Reich des Wassers gefallen war.

Eva benutzte immer einen orangefarbenen Lippenstift. Ich hatte nicht den Mut, meine Lippen mit einer so unnatürlichen und kräftigen Farbe zu bemalen. Eva lachte, als ich einmal sagte: »Ich sollte auch einen orangefarbenen Lippenstift benutzen.

Kは道順を説明する時にもけっして地図は描かず、口だけで説明しようとした。わたしがすぐわからないと、いらだって声を大きくするので、わたしには、ますますわからなくなってしまう。エヴァとわたしに新しくできた美術書専門店の場所を教えてくれた時もそうだった。あまりわからないので、わたしは思わず自分の手のひらを出して、生命線を指し、これが大通りだとするでしょう」と話し始めると、エヴァは、こらえきれぬように笑って、わたしの生命線を人さし指でゆっくりとたどり、「これが大通り。」と繰り返した。わたしの親指と人さし指の間の谷のところまで来ると、エヴァの指は、そのまま肉の中へもぐり込んで行きたそうにして止まった。Kは、エヴァの指をわたしの手から払いのけると、「ちゃんと聞かないから、わからないんだろう。」と不機嫌そうに言った。これが、エヴァの指の二度目の訪問だった。

わたしは、駅員に言われたとおり、教会の見える方角に向かって、まっすぐに歩いて行った。

展覧会場は意外に小さかった。展示数も予想より少なく、見物人だけはいやに多かった。入場料を五マルク払って中へ入ると、まず初めに「むしのはなし」と題された絵本があった。どのページも草花にあふれ、かならず葉っぱが一枚めくれるようになっていた。

Dann finde ich vielleicht genauso viel Spaß am Plaudern wie du.« – Sie lachte, rieb mit der Fingerspitze ein wenig Orange von ihren Lippen und strich es auf meine. Damals besuchte mich Evas Finger zum drittenmal. Dieser dritte Besuch war aber damit noch nicht zuende. Nachdem Eva ihren Lippenstift aus der Tasche geholt und mit der ihr üblichen Geste ihre Lippen nachgezogen hatte, schob sie plötzlich, wie ein Arzt, der eine Injektion vorbereitet, meinen rechten Ärmel hoch und küßte meine Armbeuge. Der Abdruck ihrer Lippen blieb orangefarben zurück. Stempel und Drucktypen müssen selbstverständlich seitenverkehrt sein; wie verhielt es sich mit Evas Lippen? Ich schaute mir die auf meinem Arm abgezeichnete Lippenform an und dachte mir dabei, daß eine Geschichte, wenn sie zu einem Buch wird, seitenverkehrt erzählt werden muß, um gelesen werden zu können.

Ich verließ die Ausstellung. Es war ja Sonntag, und alle Geschäfte hatten geschlossen. Nur wenige Leute waren unterwegs. Unter dem bewölkten Himmel zogen sich Reihen flacher, rotbrauner Häuser hin. Auf den Fensterbänken stand noch der Osterschmuck. Die Stadt war klein. Es gab nichts zu sehen. Der Nachtzug fuhr erst in Stunden; jedenfalls mußte ich irgendetwas essen. Ich betrat ein Restaurant, in dem erstaunlich viele Gäste saßen; Popmusik der letzten Jahre, das Geräusch eines Glückspielautomaten, der Geldstücke ausspuckte; es roch nach fetten

がどんどん軽くなっていった。骨のつなぎ目がゆるんで、五体がばらばらに宙に浮いてでもいるようだった。その次の日から、わたしは時々、Kのアパートに泊るようになった。

あまりのどがかわいたので、食堂車に何か飲みに行くことにした。一杯の紅茶を前にしてひとりになると今度は車室にもどるのがいやになった。こんな光景が心に浮かんだ――マリアンネは男にぴったり身を寄せてすわり、その耳たぶをゆるく噛んがいる。男はそれに気づかぬふりをして、ぺちゃぺちゃと舌鼓を打ちながら本を読み続けている――そんな馬鹿な、と思いながらも気が重くなり、わたしはなるべくゆっくりと紅茶を飲み干した。ところが、いざ車室にもどってみると、もう若い男の姿はなく、マリアンネがひとり本を読んでいた。それは確かに、その男の手の中にあった本だった。マリアンネは飛び立とうとする小鳥を押さえつけるようにしっかり本を押さえ、結局、R市に着いてわたしがさよならを言うまで、一度も活字から目を離さなかった。

春あけのぬくもりは肌になつかしいものの、霧雨がのんびりとした気持ちをきれぎれにした。わたしは目の前を通り過ぎようとした駅員をつかまえて、絵本の展覧会場であるR市市民図書館の場所を尋ねた。田舎の駅員は、突然あらわれた外国人に驚く風も見せず、親切に道順を教えてくれた。

Pommes frites und fetten Würsten. Als ich eintrat, richteten sich zögernd neugierige Blicke auf mich. In einer Fernsehepoche dürften wohl nicht einmal die Leute auf dem Land um ein beschreibendes Wort verlegen sein, selbst wenn plötzlich ein Eskimo in den Raum träte. Ich bestellte eine Hühnersuppe und entdeckte zwischen Plakaten, die Veranstaltungen zum Osterfest ankündigten, das Poster eines Marionettentheaters mit der Aufschrift: »Jeden Sonntag um halb vier. Gezeigt wird ›Die Automatenpuppe Annette‹.« – Ein Marionettentheaterstück über einen Automaten? – Mir schien es auf einmal, daß ich nach R gekommen war, nur um dieses Marionettentheater zu sehen. Ich aß schnell die Suppe und machte mich auf den Weg dorthin.

»Wohin schaust du?« – Ich war es, die dies damals gefragt hatte, nicht K. Ich hatte dies gefragt, weil ich nichts anderes zu sagen hatte, als K's scharfer Blick mich plötzlich aus meiner Gedankenverlorenheit aufschreckte: K sagte mit bedrohlich leiser Stimme: »Du hast Angst vor den Menschen. Du hast es lieber, wenn keiner da ist.« – Meine Fingerspitzen suchten unsicher nach etwas, das sie befühlen konnten. »Was meinst du mit ›Menschen‹?« – K antwortete ärgerlich: »Dich und mich.« – Vielleicht hielt er mich nicht für ernst genug. »Du bist nicht nur ein langweiliger Mensch; du leidest nicht einmal darunter. Du tust einfach, als ob du nicht da wärest. Du bist feig. Ich mache solche Spiele nicht

かわいて、胃が重苦しくなってきた。わたしは、ちょっとしたことですぐに食べたものをもどしてしまう。が、そんな特技がなかったら、Kともエヴァとも知り合うことはなかっただろう。

それは、あるカフェーで行われた朗読会でのことだった。朗読された本の内容は覚えていないが、その後みんなで飲み始めたワインがたたって、わたしは貧血を起こし、吐き気におそわれた。トイレに駆け込み、流しの前に身をかがめると、熱い鰻が食道を登り降りし、苦しかった。が、どうしても吐き出してしまうことができなかった。と、背中をさする大きな手のひらが感じられ、耳もとで「吐いてしまえば楽になるわよ。」という声がした。口を大きく開くと、のどに見知らぬ二本の指が入ってきた。わたしは、叫ぶように吐いた。体温のぬくもりを宿した混沌が一気にどよめきあふれ、わたしは不思議な快感を覚えた。冷たい水で口をすすぎ、頭を起こして鏡を見ると、青ざめたわたしの後で女がひとり微笑んでいた。これが、エヴァとの出会いだった。トイレを出ると、エヴァの友人だというKが待っていた。Kも朗読会に来ていたのだろうが、この時までわたしは彼の存在に気づかなかった。Kは車でわたしを家まで送ってくれた。嘔吐の後の開放感から、わたしは車の中で急におしゃべりになった。しゃべっている自分が自分でないような気がして体

länger mit. Ich will ja nicht verrückt werden.« – Mit diesen Worten ging K weg.

Das kleine Theater war lustig mit Girlanden und Fähnchen geschmückt. Seine fünfzig Plätze waren von Familien im Sonntagsstaat fast schon alle besetzt. Es wurde dunkel. Eine Drehorgel begann zu spielen. Der Lärm beruhigte sich. Der Samtvorhang öffnete sich, nach rechts und nach links. – Eine unaufgeräumte Werkstatt wurde sichtbar; im Hintergrund ein Fenster, in das der Mond leuchtete. Also Nacht. Ein spitznasiger Mann (natürlich eine Marionette) mit einer Schürze hatte eine niedliche Mädchenpuppe kopfüber in der Hand und schlug, ein italienisches Lied auf den Lippen, Nägel in ihre Füße. Es war seltsam, eine Marionette zu sehen, die eine Puppe herstellt. Auf einem Stuhl daneben saß eine ältere elegante Dame. Sie sagte seufzend: »Ich weiß wirklich nicht, wie ich Ihnen danken soll. Kindersegen ist mir versagt geblieben, mein Mann ist gestorben. Wenn ich Sie nicht getroffen hätte, müßte ich mein Leben in Einsamkeit hinbringen.« – Der Mann stellte die Puppe vor sich auf, prüfte die Nägel in ihrem Rücken und sagte zu ihr: »Du heißt ab heute Annette, und das ist deine Mutter. Du wirst schmerzliche Dinge erleben, aber du brauchst nicht traurig zu sein. An dem Tag, an dem du wirklich lieben kannst, wirst du zu einem Menschen werden.« – Annette nickte kurz. – Die anderen Puppen hingen alle an Fäden, nur Annette wurde von unten an Stäben geführt.

がひとり入ってきた。男はすわって、上着のポケットから文庫本を取り出すと、人の秘密でものぞきこむように、なめるような視線で活字を追い始めた。マリアンネは急に何も言わなくなった。わたしは、それをいまいましく思ったが、自分も何も言うことがなくなってしまったことに気づくと、恨みがましく男の耳の形を観察し始めた。

Kは、いつも、かなしそうな耳をしていた。イタリア・レストランで、バスタブの中で、車の中で、Kと向かい合う度に、わたしはKの耳の形を見つめずにはいられなかった。それは、開かれたまま雨にぬれた本のようでもあった。「何を見ているの？ 君は全然ぼくの目を見てくれないんだね。」Kはそう言って、わたしの答えを待った。「どうしてだろう。なんだか君が秘密を持っているように思えてしかたないんだよ。」わたしは、そう言われると急に秘密が話してみたくなる。「高校生の時ね、煙草屋のおばさんにキスされたことがあるの。」Kは驚いてわたしを見つめるが、また顔をひきしめて、「全然目を見てくれないねって言ったんだよ。話をそらさないで。」

車内は、蒸し暑かった。マリアンネは、セーターをぬぎ始めた。腕をそでから抜くと、地下鉄の切符が数枚、はらはらと落ちた。男は本から目を離さなかった。マリアンネは、黙って床に落ちた切符を拾うと、くず入れに押し込んだ。それを見ているうちに、のどが

In der Nacht nach der Trennung von K hatte ich einen Traum; einen Alptraum, der sich aber von einem normalen Alptraum unterschied. K stand vor einer offenen Tür, er klopfte heftig, als wollte er etwas zerschlagen, in die Leere und schrie dabei immer wieder: »Mach auf, laß mich rein!« – Vor Angst brachte ich nicht einmal ein »Es ist doch offen!« heraus. – Drohend schrie K jetzt: »Ich weiß, daß du da bist! Du bist da! Mach auf!«

Die Szene auf der Bühne verwandelte sich in einen Platz vor einer Kirche. Ich erkannte ihn wieder, es war ein Platz in R. Wenn man genauer hinsah, erkannte man im Schatten der Kirche das kleine Marionettentheater. Fünf Kinder mit schmutzigen Nasenspitzen kamen auf die Bühne gelaufen und spielten Seilspringen. Jetzt trat Annette auf; ihrem Gesicht war nicht anzusehen, ob sie ein Kind oder eine Erwachsene war. Ihre Augen waren weit aufgerissen, schienen aber kraftlos, ihre wohlgeformte Nase war ohne Atem, ihre Lippen leuchteten rot, aber waren ohne jeden Ausdruck. Sie stellte sich allein an eine Ecke und schaute den Kindern beim Spielen zu. Eines rief: »Da ist ja Annette. Komisch, daß sie herauskommt. Sie sitzt doch sonst immer nur zuhause.« Ein anderes sagte: »Sie sitzt immer nur in ihrem Zimmer und lernt. Sie ist eine Lieblingsschülerin des Lehrers.« – »Sollen wir sie fragen, ob sie mit uns spielen will?« – »Aber sie kann bestimmt nicht springen!« versetzte eine dritte, bos-

うと思っているのだ、と言う。「わたしたちはいつも頭に頼りきって体のことは、ないがしろにしてきたから、体にもどるため、何かやってみたいの。」と言うと、彼女は一回大きなくしゃみをして、それから、ごめんなさい、と小声で謝った。西洋人は、くしゃみをするとなぜか謝る。列車はまたゆっくりと動き出した。

日本人は妙なくしゃみをする、とKが言ったことがある。それは、くしゃみの音を「ハクション」と書くから、それをつい真似てしまうせいでしょう、とわたしが言うと、Kは、日本人は変な民族だ、と言って笑った。自分だって辞書に出ているとおり「ハチ」ってくしゃみするじゃないの、と言いかえすと、Kは黙ってしまい、それ以来、けっして、わたしの前ではくしゃみをしなくなった。

外では霧雨が降り出していた。くもり空に向かって工場の煙突が一本、人さし指のように突き立っているのが遠くに見えた。子供の頃、よくカエルを取りに川へ行った。カエルはカドミウムに汚れているから触ると指が落ちる、と言われてからは、川の近くの工場の裏庭で遊ぶようになった。裏庭には、いらなくなった機械の部品がちらかっていて、よくそんな部品をばらしたり組み合わせたりして遊んだ。

列車は大きな駅に着き、廊下がさわがしくなった。車室のドアが開き、背の高い若い男

hafte Kinderstimme. – »Wieso denn nicht?!« – »Weil sie... weil sie doch gar kein Mensch ist.« – »Was ist sie denn dann?« – »Wenn sie ein Mensch wäre, dann hätte sie doch einen Vater. Aber Annette ist von dem Uhrmacher Mario gebaut worden. Sie ist doch eine Puppe.« – Dabei mischte sich noch etwas Altkluges in das Boshafte der Stimme, die sich nun direkt an Annette richtete: »Wenn du ein Mensch bist, dann beweise es uns!« – Weil Annette aber gar nichts sagte, verloren die Kinder allmählich ihr Interesse an ihr und gingen, eines nach dem anderen, nach Hause zurück. Es wurde jäh dunkel und es begann zu regnen. Ein grünglänzender Frosch trat in Erscheinung und fing, im Rhythmus der Regentropfen, mit Leibesübungen an. Erst die Handgelenke. Biegen, strecken, biegen, strecken. Dann den Kopf. Rollen, recken, rollen, recken. Annettes Gesichtsausdruck veränderte sich zusehends. »Ah, das tut wohl«, blubberte der Frosch, bevor er zu Gesangsübungen überging. Doremifa – die Tonleiter in C hinauf und wieder hinab – famiredo; dann die Tonleiter in D, dann – erst bemerkte er plötzlich Annette: »Hej, die kenn ich ja noch gar nicht! Ich hatte geglaubt, Menschen haben alle dieselben Gesichter, aber du stehst etwas außerhalb der Norm, nicht wahr. Ich möchte dein Freund werden!« – Er streckte seine rechte Hand aus. Annette lächelte zum erstenmal und griff nach der Froschhand.

Einige Tage nach der Trennung von K wurde ich

もしれない。わたしは、ただちょっと話から気をそらしてみたかっただけだった。話が特につまらなくなくても、つい視線をそらしたり、指先で紙切れをもてあそんだりしてしまう。——そんなわたしの指先から紙切れをひったくって、質問ぜめにしたのはKだった。いつのことだったろう。わたしたちは、Kの会社の近くの喫茶店に向かい合ってすわっていた。Kは、その会社の課長で、日本に義足や義手を輸出していた。「聞いてるんだよ。聞こえなかったの？　質問したんだよ。」そう言われると、もうだめだった。質問は、ごく簡単なものだった。これから中華料理を食べに行きたいか、それともイタリア料理の方がよいか、というような。どちらでもいいと言えば、まるでKと食事に行くことなど、どちらでもいいという風にとられる。イタリアのトマトの赤がチーズの肌に描く鮮やかな模様と、細長く切られた野菜たちが色とりどりに光る中国の皿とが交互に頭の中をよぎり、わたしは、Kの期待にみなぎるまなざしを前に、何も考えられなくなっていった。「どちらの」「方が」「よいか」？比べること——トマトと竹の子を、スパゲッティと北京を、バチカンとジャスミン茶を比べること。わたしは言葉を失い、また指先で紙切れをもてあそび始めたのだった。

女は、マリアンネという名前だった。わたしが日本人だと知ると、来月から指圧を習お

krank. Es war wie eine Erkältung und ich hatte Fieber. Die Häuserreihen vor meinem Fenster und der Kirchturm, der dahinter aufragte, die mir so vertraut hätten sein sollen, schienen mir plötzlich fremd; und aus dem Radio drangen Nachrichten wie aus einem fernen Land. – Ich lag im Bett und versuchte mich zu erinnern; aber es fiel mir nicht ein, wann ich das letzte Mal geweint hatte. – Ich habe Eva angerufen, um ihr die ganze Sache mit K zu erzählen; das heißt, ich wollte ihr alles erzählen, aber da kam es mir vor, als wäre schon alles gesagt. Das stimmte natürlich nicht, aber der Gedanke ließ mich nicht los, so daß ich außerstande war, irgendetwas zu ändern. »Was hast Du gesagt«, fragte Eva, aber ich hatte garnichts gesagt. – »Nichts.« – Und ich hatte Eva auch nichts mehr zu sagen. Ich kannte Eva ja nicht. Denn die Welt ist schon so voller Stimmen und Blicke, daß kein Platz zur Begegnung mehr übrig ist. Wenn ein kleiner Riß, durch den man einen Finger stecken könnte, sichtbar wird, verschwindet er entweder unter unserem Schweigen sofort wieder oder wird von unserem Sprechen verstopft. Eva fragte immer wieder: »Was soll das heißen? – Eigentlich will ich es ja gar nicht wissen. – Aber wie könnte ich die Frage denn anders stellen? – Oder weißt du es? – Was sollte ich denn fragen?« Draußen schlugen die Kirchenglocken. – Vielleicht sollte ich mich etwas beeilen. Ich habe zu viel Zeit. Wenn ich sie nicht einteile, geht die Zeit in sich unter. – Ich antwortete

に入れた。ほとんど甘みのない穀物の重みがはっきりと舌に感じられた。それを噛みくだく口の中の感触は、なんだか、まだ一度も使ったことのない言葉を初めて発音するのと似て、口になじまなかった。それにしても、ものを言う器官で、ものを食べるというのも妙な習慣だ。

　金髪の女は、驚くべき速さで三枚目のビスケットを噛み下すと、どこへ行くのか、何をしに行くのかと質問の糸を紡ぎ出し始めた。

　質問に答えながら、わたしはふと祖母の言葉を思い出した。わたしがひとり夜行列車で祖母の村を訪れた時のことだった。「ひとりで夜汽車なんか乗って恐いことないの?」祖母はまだ夜行はおろか、ひとりで長距離列車に乗ったことさえなかった。「知らない男の人に声でもかけられたら、どうするの?」という祖母の心配をわたしはその時は笑ったが、でも本当に「知らない」人に、背景も文脈もわからない未知の人に話しかけられたら、「どう」したらよいのだろう。たとえそれが男の人でなく女の人だとしても、それで話が簡単になるとは思えない。

　列車は、小さな駅に止まった。わたしは、何気なく窓の外を見た。彼女も一瞬、口をつぐんで、つられて窓の外を見た。何か、わたしの興味を引くものが外にあると思ったのか

Eva »Wann?« und »Wo?«. – Vom anderen Ende des Kabels hörte ich leise Evas Atmen, das sich, als ich mich wieder besann, in eine Stimme verwandelte: »Erinnerst du dich an das Café, in dem wir uns kennengelernt haben? Du weißt, daß es in derselben Straße ein Antiquariat gibt. Können wir uns da treffen? Am nächsten Mittwoch, um fünf Uhr abends.«

Neuer Szenenwechsel. Das Büro des Direktors der Verkaufsabteilung einer Ölfirma. Annette blättert in Dokumenten und diktiert ihrer Sekretärin einen Brief. Dank der unerschöpflichen Energie ihres Körpers und ihrer von Gefühlen unbeeinflußten Urteilskraft hat Annette es im Alter von fünfundzwanzig Jahren bis zur Direktorin der Verkaufsabteilung einer Ölfirma gebracht. Ihre Backen, die wie Plastikäpfel aussehen, sind seltsam traurig und schön. Die Sekretärin hält im Schreiben inne und fragt ängstlich und schüchtern: »Mein Kind liegt mit Fieber im Bett. Dürfte ich heute etwas früher aufhören?« – Annette erwidert mit einer Stimme ohne Anteilnahme und ohne Interesse: »Ihr Kind war doch schon die ganze letzte Woche krank.« – »Das war das ältere. Jetzt ist es mein jüngstes.« – »Dann gehen Sie jetzt nach Hause!« – Die Sekretärin weiß nicht, ob sie eingeschüchtert oder dankbar sein soll. In dem Augenblick, in dem sie das Zimmer verläßt, kommt der Präsident der Firma herein; fett, mit Arroganz im Gesicht. – »Na, wie läufts?« – »Normal.« – »Und was ist mit der Sekretärin los?« – »Sie ist nach Hause

いつも風景画を真似たように見える。しかも、いつも上手な真似とは限らない。下手をすると、何か、力の抜けた、顔のない広がりのようになってしまう。旅行社の広告にあるような宣伝文句が風景の上に印刷されていないせいかもしれない。ドイツ古城、中世の香り、あこがれのロマンチック街道。——が、そんな文句にかきたてられた夢にスタンプを押してもらう旅行者の幸福とも、もう縁が薄れてしまった。

向かいの女は、小さなリュックサックから自然食品店のヘルスビスケットを取り出して、包み紙を破りあけた。包み紙には、どぎつい色で、サリーを着たインドの女が印刷されていた。包み紙を破る指先は、太く不器用だった。女は、破りあけたビスケットの包みを差し出して、「食べない?」と尋ねた。包み紙をぞんざいに破ることが、わたしにはなんだかひどく罪深いことのように思えた。子供の頃、机の引き出しいっぱいにお菓子の包み紙を集めていた。雨の中で捨てたキャンデーの包み紙が後で急にかわいそうになり、それを拾いに長い道のりをひきかえしたこともある。包み紙は、わたしにとって、それほどいとおしいものだった。

差し出されたビスケットは、中途半端な高さに不安げに止まっていた。会話が始まろうとしている。後もどりはできない。わたしは礼を言って、ビスケットを一枚ぬき取り、口

gegangen, weil ihr Kind krank ist.« – »Schon wieder! Wir sollten sie entlassen. Aber ich muß mit Ihnen über ein schwerwiegenderes Problem sprechen.« – Und er läßt sich in einen Stuhl fallen. »In den Rohren, die wir für den Export bestimmt haben, haben Frösche Eier gelegt und sich so vermehrt, daß die Rohre jetzt völlig verstopft sind. Ich bin dafür, daß wir sie mit Giftgas ausräuchern!« – »Ist das nicht ein bißchen grausam?« – »Vielleicht gibt es eine billigere Methode.« – »Es reicht doch, sie einfach zu vertreiben.« – »Aber wie?« – »Ich rede mit ihnen.« – »Mit wem?« – Als Annette nicht antwortet, fährt der Präsident fort: »Jedenfalls eilt es; es muß schon in den nächsten Tagen etwas geschehen. Natürlich brauchen wir dabei auch Ihre Hilfe.« – Annette nickte schweigend. Als er den Raum verlassen will, dreht er sich noch einmal um und ergänzt mit einem süffisanten Lächeln: »Da ist noch was. – Es ist nicht so, daß ich über das Geheimnis Ihrer Herkunft nichts wüßte, aber Sie brauchen sich keine Sorgen zu machen. Mir genügts, wenn Sie Ihre Arbeit gewissenhaft ausführen.« – Der Präsident geht, man hört eine bedrückende Musik, die Bühne wird dunkel.

Am Mittwoch, um fünf Uhr abends, ging ich, wie Eva es mir gesagt hatte, in die Straße, wo das Café sein sollte. Ich hatte nicht gewußt, daß es dort auch ein Antiquariat gab, aber ich dachte mir, daß ich es schon finden würde. Vielleicht lag es am Fieber, vielleicht war es eine Wirkung der Medizin, daß

ア語やヒンディー語の本を何時間もめくり続けた。日本の古典の英訳本もわたしを魅了した。読み飽きた古典が、機械の設計図のようなアルファベットの文字の中で急にまた「本」という幻想を呼び覚ましてくれたりした。わたしは死んでしまった自分の本をダンボール箱に詰め、東京郊外の公園に埋めると、仕事を引き継いでほしいというたったひとりの知人を頼りにドイツへ行く決心をした。

時刻表によると、わたしの住んでいるH市からR市までは、列車で五時間あまりかかるようだった。着くのは昼頃になるだろう。帰りは夜行のつもりだった。

列車はすいていた。車室にひとりすわっていると一時間ほどして、金髪の、年の頃三十あまりの女がひとり入ってきた。誰かが入ってくるなどという劇的瞬間はできることなら避けたいが、そうもいかない。女の胸元で、大きな金色の飾りがゆれていた。その飾りのあたりをさまようわたしの視線を捕まえると、女は自信たっぷりに微笑んでハローと言い、わたしの真向いにすわった。わたしも微笑みのようなものを返しはするが、見られることではっきり形を取り始める自分の姿を鎧のように重荷に感じ、思わず窓の外へ目をそらした。

窓の外には平らな牧草地が続き、遠くに背の高い防風林が並んでいた。外国の風景は、

beim Gehen der Boden vor meinen Füßen zu fliehen schien. Es war eine eigenartige Straße; man kam, wenn man ging, immer wieder an dieselbe Stelle zurück. In der Ferne hörte man manchmal die Sirene eines Krankenwagens. Je weiter man ging, desto enger wurde die Straße. Die Wände der Häuser rechts und links schienen sich niederzubeugen. Das Antiquariat war nirgends zu entdecken. Vor meinen Augen verschwamm alles, seltsam kalte Tränen rollten meine Backen hinunter. Da begriff ich, daß es hier kein Antiquariat gab. Also mußte ich ein Antiquariat betreten, das es nicht gab. – Und so betrat ich auch eines, das es nicht gab; Bücher gab es darin auch keine. Nur Staub, der eigentlich dafür da war, auf Büchern zu liegen. Ganz hinten stand eine Leiter; und auf der Leiter stand Eva. Eva griff vorsichtig in die Leere über ihrem Kopf, zog ein Buch heraus und öffnete es, riß die Blätter heraus und ließ sie durch die Luft flattern. Die Blätter tanzten herunter und bildeten um mich eine weiße Glocke, streiften meinen Körper hinab und häuften sich auf dem Boden. Sie bereiteten mir nicht den kleinsten Schmerz; aber hinterließen überall auf meiner Haut Wunden. Ich stürzte ohnmächtig auf den Boden. Ich kam wieder zu mir; nicht die Blätter waren zerrissen, sondern ich selbst. Eva zog zärtlich den Zeigefinger aus meiner Hand und ließ ihn in eine Blumenvase fallen. Auf dem Wasser bildeten sich kleine ringförmige Wellen.

絵解き

R市に昔から、あやつり人形の伝統のあることは、いつだったか博物館でもらった色刷りパンフレットで読んで覚えていたが、今回の短いR市への旅は、人形芝居を見るためでなく、手作り絵本の展示会を見学するためだった。もし掘り出し物があれば日本の出版社に紹介して、いくらかでも紹介料と翻訳料が稼げるかもしれないというひそかな期待とは別に、わたしには、「本」に対する異常なまでの執着があった。ここで「本」と言うのは、文学作品のことではなく、書かれる前から、製本される前から、わたしたちの頭の中にある「本」という幻想、わたしたちが夢の中で理解できないままにめくり続ける、その「本」のことだ。その幻想が色あせ始めたのは、二年前、まだ日本にいた頃のことだった。どの本を手に取ってみても内容しか見えなくなった。そんなわたしを新たにとりこにしたのは、外国の文字で書かれた本だった。わたしは都心の洋書屋に通い、読めもしないアラビ

Eva biß mir zärtlich das Ohrläppchen ab und hängte es zum Schmuck in einem Bilderrahmen an die Wand. Dann pflückte sie meine Augäpfel aus ihren Höhlen und warf sie, hoch, in den Himmel.

Ich erhob mich leise von meinem Platz und verließ das kleine Theater. Ich wollte den Schluß nicht sehen. Annette wird nicht dem Präsidenten sondern den Fröschen helfen und ein Mensch werden.

Draußen regnete es noch leicht. Ein paar Schritte hinter der Kirche war die Stadt schon zu Ende; eine einzige Landstraße wand sich durch die Wiesen. Und die Wiesen, die auf den Frühling warteten, tranken die Regentropfen, einen nach dem anderen. Und am hinteren Rand der Wiesen sah man eine Prozession von Fröschen sich entfernen. Ihre regenfeuchten Rücken glänzten rot und grün; und jeder trug ein Stück von einer zerbrochenen Puppe im Maul; Zeigefinger, Augenlider, Eckzähne, Ohren, Brustspitzen, Zahnräder. Die schöne Annette war nicht zu einem Menschen geworden, sondern in Teile zerbrochen. Irgendwo wird ein begabter Uhrmacher sie wieder zusammensetzen und eine neue Puppe daraus machen. So wie aus den Scherben einer Geschichte eine neue Geschichte entsteht.

肉に値札を貼ったのもオレじゃない
地下鉄駅は美術館に変わった
スーパーマーケットの人波を押しのけて
バレリーナがつるはしをにぎると
豚のパックをわしづかみにし
線路はシベリアをつらぬいて東へ延び
誇らかにうちへ帰っていったのもオレじゃない
飛行機はパリにはとまらずアフリカへ飛ぶ
煮えたくる鍋の中に肉片をつっこみ
それなのになぜ
叫ぶ肉片を三度フォークの先でつき刺し
つるした手はつるされた首に似てしまうのか
その傷口に酢っぱいオレンジをしみこませたのも
オレじゃない、オレじゃない
オレはただ食っただけだ、明日の音楽のために

バーバヤーガよ
シベリアの風に乗ってもどって来い

レニングラード

わたしたちは外套の中から生まれた
　　昨日豚のオレンジソース煮を食った
誰が信じてくれただろう、この日の来ることを
　　屠殺場のドアの把っ手はぐっしょりぬれていた
デパートには無料の外套が百万枚ならび
　　血まみれの手を女便所で洗って
　　夜勤から帰ったのは、だが、オレじゃない
妖怪たちは外套を着て死の家へ帰っていった
　　工場で豚の部品をビニールに包んで
工場労働者たちが地下鉄の中でいっせいに詩集をひろげ

　　肉に値札を貼ったのもオレじゃない
その体を指揮棒を鞭のようにふるっていじめると
　　スーパーマーケットの人波を押しのけて
背広は一枚一枚はがされ
　　豚のパックをわしづかみにし
バイオリンは奴隷船をこぎ
　　誇らかにうちへ帰っていったのもオレじゃない
トランペットの高らかな嘘をティンパニーはとがめ打ち
　　煮えたくる鍋の中に肉片をつっこみ
チェロは足の裏の水虫をかきつづける
　　叫ぶ肉片を三度フォークの先でつき刺し
鞭の舌はとうとう最後の下着まで打ちはがし
　　その傷口に酢っぱいオレンジをしみこませたのも
　オレじゃない、オレじゃない
　オレはただ食っただけだ、明日の音楽のために

その時、音符の体は杉の肌と肌の間に消え
休符だけが豚の心をやさしく包み
飛ぶでなく、沈むでなく
始まりのない眠りの中に現われてくる

東京公演

指揮者が被告台にあがる
　　昨日豚のオレンジソース煮を食った
観客席の斜面には杉の木がみっしりとはえ
　　屠殺場のドアの把っ手はぐっしょりぬれていた
蛍の光をたどっていくと頂上に神社のかげがみえる
　　血まみれの手を女便所で洗って
　　夜勤から帰ったのは、だが、オレじゃない
杉の群がざわめくと風が吹く
　　工場で豚の部品をビニールに包んで
指揮者は背広を十二枚重ねて着ている

死肉が土に変わっていくのを見守り
あれはいつも東の方からやってくるの
朝も夜も闇の中を流れ続けて
ある日あたしは
ある日その水は
カトマンズのはずれで
世界のおへそにたどりつき
あれとばったり出くわしたの
火葬場の炎に乗ってゆっくり大気をたちのぼり
燃える目玉に見つめられて
大空で龍の形の雨雲になる
憎しみは花火になって頭上にぽんぽん消えていったっけ
わたしたちの目の中に
きょうも禁じられた記録が降りささる
その日からあたしは病みながら治り
死にながら生まれ
太陽の太鼓をたたきながら
生の螺旋階段を登っていく

裏

あたし郵便配達してた頃はあれが恐かった
　その門からひとすじの水がほとばしり出て
差し出し人と受け取り人の間を逃げまわり
　陶器の白をさわやかに打つ
足をとめると、かならず恐い夢を見たわ
　生の網目から漏れた不純なメッセージは
　わたしたちに約束された町の地下を流れ
鼻からしっぽがはえてきたり
　ねずみたちの神託に耳を傾け
からだにみっしり毛がはえてきたり

Leningrad

Wir sind aus einem Mantel geboren
  Gestern habe ich Schwein
  in Orangensoße gegessen
Wer hätte das von diesen Tagen erwartet
  Die Türklinke im Schlachthof war ganz naß
daß in den Kaufhäusern
eine Million Gratismäntel hängen
  Ich bin nicht der, der nachdem
  er seine blutverschmierten Hände
  in der Damentoilette gewaschen hatte,
  nach Hause zurückgekehrt ist.
daß die Geister sie abholen und wieder
in das Haus des Todes gehen
  Ich bin auch nicht der, der in der Fabrik
  die Zubehörteile der Schweine
  in Plastik gewickelt
daß die Fabrikarbeiter in den U-Bahnen
Gedichtsammlungen aufschlagen
  und Preisschildchen
  auf das Fleisch geklebt hat
und die Bahnhöfe
zu Museen werden
  Der sich durch die Menschenwelle
  im Supermarkt gedrängt
daß sich die Gleise quer durch Sibirien
nach Osten strecken
  und das Schweinefleisch
  mit Adlerklauen gepackt hat
Wenn die Ballerina nach der Spitzhacke greift
  und stolz nach Hause zurückgekehrt ist,
  das war nicht ich
und die Flugzeuge bis nach Afrika fliegen
ohne Zwischenlandung in Paris
  Der das Fleisch
  in den brodelnden Topf geworfen
Warum aber ähnelt
trotzdem
  und dreimal die Gabeln
  in die schreienden Fleischstücke gestoßen und
Die Henkerhand dem Haupt
des Erhängten
  in die Wunden mit Orangensaurem
  malträtiert hat, das war nicht ich,
  ich hab es nur gegessen, für die Musik
  von Morgen
Baba Jaga!
Komm zurück auf sibirischem Wind!

Der Hinterhof / I

Aus diesem Tor
schießt ein Wasserstrahl

und schlägt erfrischend auf das Weiß der Keramik

Die unreine Botschaft
die durch die Maschen des Lebens sickerte
treibt unter der Stadt
die uns versprochen war

und lauscht
auf das Orakel
der Mäuse

und gibt acht darauf daß sich das Totenfleisch
zu Erde wandelt

morgens und abends
treibt sie durchs Dunkel

eines Tages
kam das Wasser

am Nabel
der Welt an

auf den Flammen des Krematoriums
stieg es in den Himmel

und im Himmel wurde es
zur Drachenwolke

In unsere Augen prasseln
auch heute wieder
verbotene
Protokolle

閉ざされた扉の内部から
野蛮人のすすり泣きがカデンツァになって聞こえてくる
（わたしは黙って殴りたかったのだけど。だってあの人は）
ぬれた翼　ぬれた爪
小鳥は死んだまま　わたしの内部をのぼってくる
塔は激しくふるえ「と、わたしは書く」
ぐらり見知らぬ方角へ傾くと
わたしの口から　こなごなになった鳥の肉片が
七十七色に光りながら飛びたっていく

八日目

背後に教会の塔が勃起する
夕空に記されたおびただしい接吻の文字
わたし、かかとのない
昨日まちがえて家の小鳥をのんでしまった
(あの人に挨拶さえしなかったら)
草花は語尾のように地べたを這い
わたしの影をむさぼり食う
ぬれた袋　ぬれた指先
腹の中で血まみれの小鳥が寝言の練習を始める
「塔はよろめく」と、わたしは書く

Der achte Tag

Hinter meinem Rücken erigiert der Kirchturm
Zahlreich sind die in den Abendhimmel gezeichneten Küsse

Ich, fersenlos

Gestern habe ich aus Versehen unseren kleinen Vogel verschluckt
(Wenn ich diesen Mann doch nur nicht gegrüßt hätte)
Die Gräser kriechen wie Wortendungen flach über die Erde
und fressen meinen Schatten

feucht der Beutel feucht die Fingerspitze

Der kleine blutige Vogel in meinem Magen
nimmt das Training des Schlafredens auf
»Der Turm springt zur Seite«, schreibe ich
Hinter seiner verschlossenen Tür
das Wimmern eines Wilden, in Kadenzen
(Ich hätte diesen Mann dafür schlagen können,
ohne ein Wort zu sagen)

feucht die Flügel feucht die Krallen

Der kleine Vogel ist tot und klettert hoch in mir
Und heftig schwankt der Turm, »schreibe ich«
Als er sich dann knirschend in eine fremde Richtung neigt
fliegen aus meinem Mund Würfel aus Vogelfleisch
in siebenundsiebzig Farben

美しい女が歯をみがきながら歩いて行く
公園のベンチでは
妊婦服を着た男がりんごジュースを飲んでいる
世紀末には健康がつきものだ

空にぽっかりあいた穴
月のような不安も月のような憂いも消えて
「のような」たちが
穴のまわりをほがらかに飛びまわる

深淵の皺は伸び
つるつるになった苦悩の表面で
詩人たちがスケートを始める

月――わたしの――となりの

月の逃走

トイレでひとり歌っていると
月が
ころがりこんで来た

裸のままで
自転車に乗って
暗喩の森を駆けぬけて
月がわたしに会いに来た

外の通りを

Die Flucht des Monds

Ich sang in der Toilette
da kam der Mond
herangerollt

nackt
auf einem Fahrrad
Er hatte den Weg mitten durch den Metaphernpark genommen
um mich zu treffen

Draußen die Straße entlang
spazierte zähneputzend eine schöne Frau
Auf der Bank im Park
trank ein Mann in Umstandskleidung Apfelsaft
Am Ende eines Jahrhunderts ist Gesundheit eben angesagt

Im Himmel klafft ein Loch
Die mondgestaltige Angst der mondgestaltige Kummer sind weg
Alles Gestaltige flattert munter
um das Loch herum

Die Falte des Abgrunds glättet sich
Auf der blanken Oberfläche der Sorge
treten die Dichter auf Schlittschuhen an

Mond – meiner – neben mir

二枚目のシャツは額の高さに、
三枚目からは炎天にひるがえり、
傍らにカキの木はまぶしく傾いて、
枝先から、ちらちらと
昇っていく
夢のねずみたち

病みあがる

熱を出し三日間
ねむりつづけたその
翌朝、障子を開けて
縁側に出ると、母が
洗濯物を干していた
(まっすぐに干せば
いいものを)
ななめに、
一枚目のシャツは乳の高さに、

Rekonvaleszenz

I

Fieber
gekriegt
dann drei
Tage
lang im
Bett
Am
Nächsten
Morgen
Tür auf
und in
die Luft
hinaus:

Mutter
hängt
Wäsche auf
und zwar
schräg ob-
wohl es
auch
grade
ginge

Ein Hemd
in Brust-
höhe

Ein andres
in Höhe
der Stirn

Das dritte
und die
andern dann
flattern im
glühenden
Himmel

Daneben
krumm
und glänzend
der Dattelbaum
Von seinen
Astenden
fliegen
die Traum-
mäuse
auf

塩辛いミルクを飲む
腋毛がバイオリンするバッハの体臭
隠された場所では
給食のおばさんたちがサッカーを始める
もう何年も許されていなかったんだ
空には偏差値が点滅し
洗濯機は全速力で廻り始める

事件

中学校の校庭の真中の
おしそみたいな蟻の巣が
うれしそうにふるえだし
砂の色しめりだし
やめればいいのに波うって
浮かびあがったよ突然の白鯨
朝やけのポルノグラフィー
見える見える全部みえる
女の生徒も男の生徒も
鯨ならではの乳房にむしゃぶりついて

Vorfall

Das Ameisennest mitten im Hof
der Mittelschule wie ein Nabel
fängt lustig an
zu zittern
Der Sand wird feucht
und wellt sich (obwohl es doch nicht nötig wär)
Da taucht was auf! Der unberechenbare
weiße Wal!
Pornographie in der Morgenröte
man kann was sehn, kann was sehn, alles kann man sehn!
Schülerinnen und Schüler
stürzen sich auf seine Euter (wahrlich Walfischeuter!)
und trinken die salzige Milch
Und seine Achselhaare haben den Geruch von Bach
wenn er Geige spielte oder seine Achselhaare spielen
Geige und haben Bachs Geruch
An einem seiner heimlicheren Orte
fangen die Köchinnen aus der Schulküche
ein Fußballspiel an
(Schon seit Jahren ist das alles nicht mehr erlaubt.)
Am Himmel blinken die Zeugnisnoten
Die Waschmaschine dreht durch, in vollem Tempo

ひとつのもうひとつ

病院の中に
湖がある
わたし
がのぞきこむと
背後の森が映っている
わたしは森にほれてしまう

森には木が一本もないので
うしろの空がつつぬけに見え
空は湖を映してふるえている

Eins ums Andere

Im Krankenhaus
gibts einen See
Ich
seh den Wald
der sich drin spiegelt

verlieb mich in den Wald

Weils in dem Wald
keinen einzigen Baum gibt
sieht man den Himmel dahinter sehr gut
er spiegelt den See und zittert

昨夜は寝つけず
電話線　ぱっちり切ってしまった
成人式の着物にポチの糞ぬりたくった

のどが焼けて
ビルとビルの結び目が　しこり　のように
とどかぬ処で　わたしをころばせる

なんだかんだ言ったってねえ

やっぱり
あんまり　かかわりあわん方がいいよ

乳首のあおざめた朝鮮人が
突然　わたしを　後から
抱きしめる

おそろしい痴話と革命

乳首のあおざめた朝鮮人が
わたしのあとをついてくる

イリヤング　穴あけて　マグネシウムで
耳たぶは痛く　ただれた
髪　ささる

秋空に軍旗ひるがえる
風邪をひいている　デパートの開店祝い

上の人に頭さげてりゃいいよ
ナマイキ言うんじゃないよ

中指の関節　車のドアにはさむ
肩まで割れそうな

Erschreckendes Liebesgeflüster und Revolution

Ein Koreaner mit bläulichen Brustspitzen
verfolgt mich

Der Ohrring   öffnet das Loch   aus Magnesium
Das Ohrläppchen schmerzt   schwillt an
Die Haare stechen

Die Kriegsfahne flattert im Herbsthimmel   ich bin erkältet
Das Kaufhaus feiert Eröffnung

VOR HÖHERSTEHENDEN SOLLTET IHR DEN KOPF NEIGEN
UND NICHT VORLAUT SEIN

Den Knöchel des Mittelfingers in der Wagentür geklemmt
Schneidend   bis in die Schultern

Letzte Nacht nicht geschlafen
Das Telephonkabel glatt durchgeschnitten

Aufs Sonntagskleid zur Feier meiner Mündigkeit
wollte ich Hundekot schmieren

Brennen im Hals
Hochhaus mit Hochhaus verknotet   Knotenbildung
Werft mich um dort   wo ich nicht hinreiche

SCHWÄTZT NICHT HERUM
UND NICHT DAZWISCHEN
MISCHT EUCH NICHT EIN

Ein Koreaner mit bläulichen Brustspitzen
umarmt mich plötzlich von hinten

横たわれ、魔法の絵筆
菩提樹の木の下に
ねむれ
まぶたのバイオリン

石の中に閉じ込められた鳥のさえずりが
風景に穴を穿ち
風の中のハチミツが
時間に寄り道をさせる

島

くるぶしの高さにはりつめた
ミルクの池に
女が尻をひたしてしゃがむと
ひとすじの血が
蓮の模様に浮かびあがる

お寺の鐘の音に
乳房の中の卵が割れて
口の中が羽毛でいっぱいになる

Insel

Wenn die Frau sich hinhockt
und ihren Hintern hineintunkt
steigt aus dem ölig festen
knöcheltiefen Milchteich
eine mit Linien Bluts
gezeichnete Lotosblüte auf

Beim Schlag der Tempelglocke
zerbrechen die Eier in ihrer Brust
der Mund füllt sich mit Federn

Leg dich nieder Zauberpinsel
unter den Lindenbaum
Schlaf
Violine des Augenlids

Das Zwitschern des Vogels im Stein
schneidet ein Loch in die Landschaft
Der Honig in der Luft
zeigt der Zeit einen Umweg

ちっちっ
という
腹の皮は少しずつ破れて
びっびっ
という
その日から石はちっちという名前になった
血液はびっびという名前で大洋を真赤に染め
ユーラシア大陸を仰天させた

アフリカの舌

アフリカの舌が
海を泳いで鯖になる
わかめの間をしゅるしゅる抜けて
からころ貝殻ころがして
まっすぐに泳いで行くよ
鱗の一枚一枚に赤子の写真が貼ってある
赤子たちは水が冷たくて泣きたいのに
声は、あぶくになって消える
鯖は疲れてきた
やわらかな腹が水底石に擦れて

Afrikanische Zunge

Eine afrikanische Zunge schwimmt im Meer
und wird zu einer Makrele
schwimmt geradeaus
schlüpft zwischen dem Tang hindurch
wirft die Muscheln durcheinander
Auf jeder Schuppe klebt ein Kinderfoto
Die Kinder wollen schreien, weil das Wasser so kalt ist,
ihre Stimmen werden zu Blasen, zerplatzen
Die Makrele wird müde
Ihr weicher Bauch streift die Steine auf dem Grund
– tschi tschi –
Die Haut reißt auf, Stück für Stück
– bi bi –

Seither heißen die Steine Tschitschi, das Blut färbt unter dem Namen Bibi den Ozean rot. Da ist dem eurasischen Kontinent überrascht der Kopf ins Genick gefallen.

首都爽快

朝一番の大きなタマゴが太陽のおしりから生み落とされ、新宿三丁目の舗装道路に打ちくだかれて、じゅるじゅると焼きあがる、まだ、やわらかい黄味の上をバスが通る市電が走る
市電の中でハクショイとくしゃみしたあなたのつばきが床に落ちて乾涸びたチューインガムから芽が出る花が咲く
花に水をやるあなたの如雨露がどんどん軽くなりあなたは空へと舞いあがる
風は西風
ひかる空

Stadtfrische

Am Morgen legt die Sonne das erste große Ei
in Shinjuku (Bezirk 3) schlägt es auf und zerbricht
Zischend brät auf dem Asphalt es gar Noch ist das
Dotter weich Die Busse fahren drüber Straßenbahnen
überrollen es
Und drinnen in der Straßenbahn
stehst du und niest und deine Spucke fällt zu
Boden Aus dem halbtrockenen Kaugummi sprießt es
Blumen gehen auf
Du gibst den Blumen Wasser Deine Kanne wird ganz
leicht Und du tanzt, fliegst in den Himmel auf
Der Wind ist Westwind
Der Himmel aus Metall

それから、まなざしのように
近づいてくる
いないはずの　わたしたちが
まばたくうちに蘇る
はばたくうちに鳥を生む
立ちあがる
耳たぶの後の翼ひろげる

水よ
水という言葉の中に湧きいでよ
竹よ
竹という言葉つきぬけて
わたしのうたの中まで伸びよ

Seien wir Touristen und schwatzhaft
die Reiseleiterin hebt das Heidenfähnchen
und ruft die Namen der Orte aus
Wir bannen den Duft des Daseins auf Photos
Die Arme vollbepackt mit ausverkauften Souvenirs
gießen wir Tränen und andere Daten
auf die unerreichbare Erde
damit auf der Seite
die unserer Sprache gegenüberliegt
der Baum Europa wieder in die Höhe schießt

駱駝の行列が
自分の足跡を踏みながら
ゆっくり地球をまわっている
国境は空を真似、
砂漠は述語の中に溺れる
緑の肌の子供たちが地平線でナワトビしている

女たちはその子らを生むことも忘れて
自分で自分の体をまるのみにする
ヨーロッパでは、と男が言いかけると
陽炎の鏡は下痢にかかる

さえも消えて

ああええううああええうう
をくりかえす沼の中の仏僧たち
の舌先は、しろく、ひからびて
うたはうたを失い
もう沈むことさえできずに
ただ　くりかえし　そして
くりかえし

やがて

近づいてくる
初めは、体温のように

祈禱

あなたのいるところだけ何もない
ひしめきあう事物のあいだで
あなたのいるところだけ何もない

ゆきひらのようにゆっくりと落ちていくわたし

見つめれば見つめるほど
遠のいていく

点

Gebet

Nur da wo du bist   da ist nichts
Inmitten all des Vielen was sich aneinander drängt
Nur da wo du bist   da ist nichts

Und ich, ich falle wie – eine Schneeflocke

Und ich blicke und starre
und immer ferner rückts dem Blick

ein Punkt

auch der schon weg

ah eh uh ah eh uh
wiederholen die Götter im Sumpf
Weiße ausgedörrte Zungenspitzen haben sie
Das Lied verliert sein Lied
Nicht einmal das Versinken gelingt mehr
nur wiederholen und
wieder wiederholen

und dann

kommt es nah
zuerst wie Körperwärme
dann wie Blick
kommt es nah

wir sollten gar nicht sein
und werden wiedergeboren in einem Blinzeln
und in einem Blinzeln gebären wir den Vogel
der steigt dann auf
und breitet die Schwingen
hinter seinen Ohrläppchen

Wasser
flute auf inmitten des Wortes   Wasser
Bambus
durch das Wort   Bambus   hindurch
wachse bis in mein Lied

モスクワ

女に花束を贈るな
地下鉄駅でこわれたエスカレーターを修理する女の指先は機械油に骨まで透きとおって
精密な関節の動きが
通行人の脳髄に駆けのぼる

女のしめった手の中で
エスカレーターは一度鋭くひきつれて
蛇のように　のぼりはじめた
女は　すくりと立ちあがり
見あげた

はるか高らかな改札口の
きらめく靴たちのその向こうで
神様がひとり退屈そうに立小便していた

Moskau

Schenkt den Frauen keine Blumensträuße

Eine Frau repariert die Rolltreppe am U-Bahnhof
Vom Maschinenöl sind ihre Fingerspitzen durchsichtig
bis zu den Knochen
Die Bewegungen ihrer feinen Gelenke
klettern hinauf in die Hirne der Passanten
Die Rolltreppe zuckt einmal kurz
in der feuchten Hand der Frau
und beginnt sich zu regen, wie eine Schlange
Die Frau richtet sich auf, schaut empor
Jenseits der blitzenden Schuhe
an der fernen hohen Sperre
verrichtet Gott, allein und gelangweilt
seine Notdurft

世界は永久に逃れ続ける

笑いながら目を閉じる女の背中に
ふたつの巨大な瞳が開き
病の風をおびきよせる

商人はやさしく女のくちびるを踏みつぶし
エレガントな万年筆を
バンコクの下腹に突き刺す

その春から
商人の事務所の床に女の影がこびりつき
窓ガラスはひび割れ
十時のコーヒーは血のにおいがし
汗ばんだ壁の中で
女の声がけたたましく笑い続ける

バンコクの春

大きく股を開き
黒船を待つ夜の港に
塩の花びらがふりかかる

すぐれた商人たちの船が近づいてくる
姦淫の夢を鰐の背に植えながら

アジアの闇におびえて
魔よけの世界地図を抱いて眠る
男たちの手の中から

Frühling in Bangkok

In den nächtlichen Hafen
der in Erwartung der schwarzen Schiffe
weit seine Schenkel öffnet
fallen Salzblütenblätter

Es nähern sich in ihren Booten
treffliche Händler, den Traum
der Unzucht pflanzend
in die Rücken der Krokodile

Unendlich flieht die Erde
aus den Händen der Männer
die im Schlaf als Talisman
die Weltkarte umarmen
aus Furcht vor der Helle Asiens

Die Frauen lächeln mit geschlossenen Augen
In ihren Schultern öffnen sich
zwei riesige Pupillen und locken
den Wind der Krankheit an

Die Händler zertreten
zärtlich die Lippen der Frauen und
reiben ihre eleganten Schreiber
am Unterleib Bangkoks

Seit jenem Frühling
kleben die Schatten der Frauen am Boden der Kontore
Das Fensterglas zersplittert, der Zehnuhrkaffee
duftet nach Blut, aus den schweißigen Wänden
lachen schneidend die Stimmen der Frauen

非可触賤民がアイスクリームのスタンドに立つ
まわる
　　かわる
　　　　たわむ
　　　　　　わらう
長い間　忘れていたこと
忘れさせられていたこと
——母は一台の自転車であった

氷菓子(ジェラティー)

かなしい
ということはありえない
わたしたちは汲みあげポンプのようにほがらかに機能する
納豆で練りあげた涙も
アンモニアを含んだ過失も
困ると困らぬとにかかわらず吸い上げられ、また吐き出される
心から口座へ
口座から心へ手渡たされた手形は音楽を息して走り続ける
泥は解散する
ニオイというニオイは消えて

Gelati

Traurigsein gibt es nicht.
Wir funktionieren munter
wie Wasserpumpen.
Die aus Bohnen gekneteten Tränen
und auch die Irrtümer, die Ammoniak enthalten,
ob sie uns in Verlegenheit bringen oder nicht,
werden eingesogen und ausgespuckt.
Der vom Herzen zum Bankkonto
und vom Bankkonto zum Herzen gereichte Scheck
atmet Musik und hört nicht auf zu rennen.
Der Schlamm zerplatzt.
Der Gestank vergeht.
Die Parias stehen in der Eisdiele.
Sich drehen, sich verändern, sich krümmen; lachen.
Das lang Vergessene,
das lang vergessen gemachte;
daß die Mutter
ein Fahrrad war.

ぬかるみに倒れたみみず
を突きとおして朝日がのぼる
帝国キャンデー　口いっぱいに頬ばって
子供らがせかす「かあさん、早く」　　だが
フンドシは思いもかけず長い
紅白まんじゅうがマレーシアの空を飛んでいく

日本罐詰め工場の祝日

マレー女が川でフンドシを洗っているよ
とおさんの腕は　きゅうり
まないた　で　輪切り
トラック　は　埃まきあげて
乾ききれぬ鮭の色の傷口をうすく汚ごした
祝砲ずどん
バナナが来るから気をつけろ
バナナはイギリス製のパンツをはいている
パンツは白で尻は黄色い
今日は罐詰め工場のお祭りだ

Feiertag in einer japanischen Konservenfabrik

Eine Malaiin wäscht im Fluß Windeln
Der Arm des Vaters wurde in Scheiben geschnitten
wie eine Gurke auf dem Hackbrett
Ein Lastwagen wirbelt Staub auf
der legt sich dann auf die feuchte lachsfarbene Wunde
– Man schießt Salut – Paß auf! die Bananen kommen
Die Bananen tragen englische Höschen
Das Höschen ist weiß, der Po ist gelb
Heut wird gefeiert! in der Konservenfabrik
Die Morgensonne steigt und durchsticht
den im Schlamm zusammengebrochenen Regenwurm
Die Kinder drängeln
die Münder vollgestopft mit imperialen Drops
Mach schnell, Mama!

aber

die Windeln sind wider Erwarten lang

eine rotweiße Hochzeitstorte fliegt
durch den malaiischen Himmel

押され押しかえし
吸われては吐き出され
その息は
つまずいては立ちあがり
無声の息を声がそっと数えてやると
何か記憶を追うように
しめった土と女の体の間を
なまあたたかい水が流れ始め
雲間に現われた太陽に水は赤く染まり
肉をあたため
女は自分が横たわっていることに気づく

死物にふさがれた大地に
通訳はまぶたをうちひらく
物語はまだ始まっていない

Ⅱ

ただ
ほんのすこし
くさい
気のせいか
におってくる
肉になりそこねた穀物の
肌になりそこねた肉の
くさった血液と混ざり合い
酸化して泡立ち
少しずつにじみ出ては空気を重くしていく
そのにおいは
近づき
ふっと遠ざかり
またもどってくる

疾走の果てにぐいと頭を持ちあげ
機体は空につきささる
ほほえみは壊れて
歌はまだ聞こえない
ちりぢりになった飛行に
橋はまだかからない

岸を神と訳し
心を町と訳し
なぜを女と訳して
泣きむせぶ通訳の涙に機体は冷えていく

おれるかたむくつまずくくずれるたおれるまわるおちていくおちていく

墜落と再生

I

母国語の中で啞であり続ける
卵が割れて飛行機が生まれる
部品たちの視線が
離陸の瞬間に集まっていく
名のない物が名のない動作を始める
いつ？

Absturz und Wiedergeburt

I

In der Muttersprache stumm sein

Aus dem Ei schlüpft ein Flugzeug
Die Blicke der Einzelteile
sammeln sich in der Sekunde des Starts

Namenlose Dinge beginnen ein namenloses Tun
Wann?

Am Ende der Rollbahn hebt es kräftig den Kopf
der Maschinenleib sticht in den Himmel
Das Lächeln zerbricht
ein Lied kann man noch nicht hören
Durch verstreute Flüge
hängt noch keine Brücke

Sie übersetzt»Ufer« mit »Gott«
Sie übersetzt »Herz« mit »Stadt«
Sie übersetzt »Warum« mit »Frau«
In den Tränen der schluchzenden Dolmetscherin
wird der Maschinenleib kühl

Zerbrechenschlingernsinkenstürzenfallenwirbelnuntergehenuntergehen

II

Es stinkt
wirklich nur
ein bißchen
Vielleicht nichts als Einbildung
daß es riecht
Das Gemisch aus faulem Blut
Von Fleisch das nicht Haut werden konnte
und Getreide das es bis zum Fleisch
nicht gebracht hat
gärt und treibt Blasen
läuft nach und nach aus
und macht die Luft schwer
Sein Geruch
kommt nah
ist plötzlich wieder fern
dann wieder da
gestoßen zurückgestoßen
eingesogen ausgespieen
Sein Atem
stolpert rafft sich auf
Da die Stimme den stimmlosen Atem zählt
als verfolgte sie eine Erinnerung
fließt ein lauwarmes Wasser
zwischen der feuchten Erde und dem Körper der Frau
Die Sonne erscheint in den Wolken
färbt das Wasser rot
wärmt das Fleisch
Die Frau bemerkt daß sie liegt

auf der großen Erde die mit toten Dingen
verstopft ist öffnet die Dolmetscherin ihre Lider
Die Geschichte hat noch nicht begonnen

計画

おかあちゃんが、わたしの畳の上に味噌汁をこぼしてしまった。わたしは、がっかりして、来る日も来る日も、ダイズとニボシの染みついた畳を雑布でぬぐい続けた。おばあちゃんのこぼした味噌汁をおかあちゃんが一生ぬぐい続けたように。

ある日、わたしは、雑布をたたきつけ、湧き起こる嘲笑の中を出発した。

一、耳の穴に花束をあふれさせ、燈台に向かって歌うこと

一、蟻たちを呼び集め、正三角形を作ること

一、ゆで卵を星空に向かって投げること

Der Plan

Mutter hatte
auf meinen Teppich
Suppe verschüttet.
Verärgert wischte ich
am kommenden Tag
und den Tagen danach
mit einem Lappen
die Bohnenreste und die Reste vom Fisch
von meinem Teppich.
Genauso wie Mutter
die von der Großmutter verschüttete Suppe
ihr ganzes Leben lang
weggewischt hatte.
Eines Tages
warf ich den Lappen weg
und brach mir einen Weg durch das Gelächter
das um mich aufkochte.

1. Laß den Blumenstrauß im Ohrloch überfließen
   und singe in Richtung des Leuchtturms.
2. Ruf die Ameisen herbei und laß sie ein Dreieck bilden.
3. Wirf ein gekochtes Ei in den Sternenhimmel.

目次（アイウエオ順）

はじめに—又は、使用説明書—

めくることとめぐること、めぐむこととめぐりあうことの関係に心をめぐらせながら、この奇妙な本、横文字に挟まれながら、その狭間を上から下へ雨と降る日本語の文字のイラストとしての役割とオリジナルであるという仮面、詩は一篇ごとにドイツ語訳に追いかけられ、訳される時間に書かれる時間はぬかれ、ぬきかえし、又、小説はドイツ語訳と左右から睨み合い、しかも一方は前から後へ、もう一方は後から前へ語られる、ふたつのテキスとはひとつの穴をはさんで向かい合う二枚の何も映さない鏡、めくり続けるうちに本そのものがひとつの穴になってしまう本当の対訳詩集を夢みながら、できあがった「これ」をあなたに贈ります。

一九八七年　夏

あなたのいるところだけ何もない

多和田葉子

あなたのいるところだけ何もない

多和田葉子

Eigentlich darf man es nicht laut sagen
aber wir können
ohne ihn schon nicht mehr leben

観光客

本当は言ってはいけないことだけれど
ヨーロッパなんて
ない